영어듣기 모의고사

COOL LISTENING

Basic 1

저자 선생님

조금배
- Hawaii Pacific University TESL 학사 및 석사
- 서강대학교 대학원 영어영문학과 언어학 박사 과정
- 〈Hot Listening〉, 〈Cool Grammar〉 시리즈 등 공저

백영실
- 미국 Liberty University 졸업
- 〈Hot Listening〉, 〈절대어휘 5100〉 시리즈 등 공저

김정인
- 캐나다 Mount Saint Vincent University 영어교육학 석사
- 현 캐나다 온타리오주 공인회계사 (CPA)

COOL LISTENING
Basic 1 영어듣기 모의고사

저자 조금배, 백영실, 김정인
펴낸이 정규도
펴낸곳 (주)다락원

초판 1쇄 발행 2022년 4월 20일
초판 3쇄 발행 2024년 11월 4일

편집 정연순, 서정아, 안혜원
디자인 구수정, 포레스트
삽화 Nika Tchaikovskaya
영문 감수 Michael A. Putlack

다락원 경기도 파주시 문발로 211
내용문의 (02) 736-2031 내선 501, 503, 532
구입문의 (02) 736-2031 내선 250~252
Fax (02) 732-2037
출판등록 1977년 9월 16일 제406-2008-000007호

Copyright © 2022, 조금배, 백영실, 김정인

저자 및 출판사의 허락 없이 이 책의 일부 또는 전부를 무단 복제·전재·발췌할 수 없습니다. 구입 후 철회는 회사 내규에 부합하는 경우에 가능하므로 구입 문의처에 문의하시기 바랍니다. 분실·파손 등에 따른 소비자 피해에 대해서는 공정거래위원회에서 고시한 소비자 분쟁 해결 기준에 따라 보상 가능합니다. 잘못된 책은 바꿔 드립니다.

ISBN 978-89-277-8017-5 54740
      978-89-277-8016-8 54740(set)

http://www.darakwon.co.kr

다락원 홈페이지를 방문하시면 상세한 출판 정보와 함께 MP3 자료 등의 다양한 어학 정보를 얻으실 수 있습니다.

영어듣기 모의고사

COOL
LISTENING

Basic 1

STRUCTURES & FEATURES
구성과 특징

TEST
실전 모의고사

COOL LISTENING Basic 시리즈는 다양한 듣기 시험 문제 유형을 반영한 실전 모의고사 20회를 수록했습니다. 각종 영어 듣기 시험에서 자주 등장하는 문제 유형을 분석하여 문제를 구성했고, 듣기의 기초를 쌓는 데 도움이 되는 문제도 함께 수록했습니다. 또한 필수 표현으로 이루어진 간단한 대화에서 실생활과 밀접한 좀 더 응용된 대화 및 담화로 구성하여, 단계별로 자연스럽게 학습할 수 있도록 했습니다.

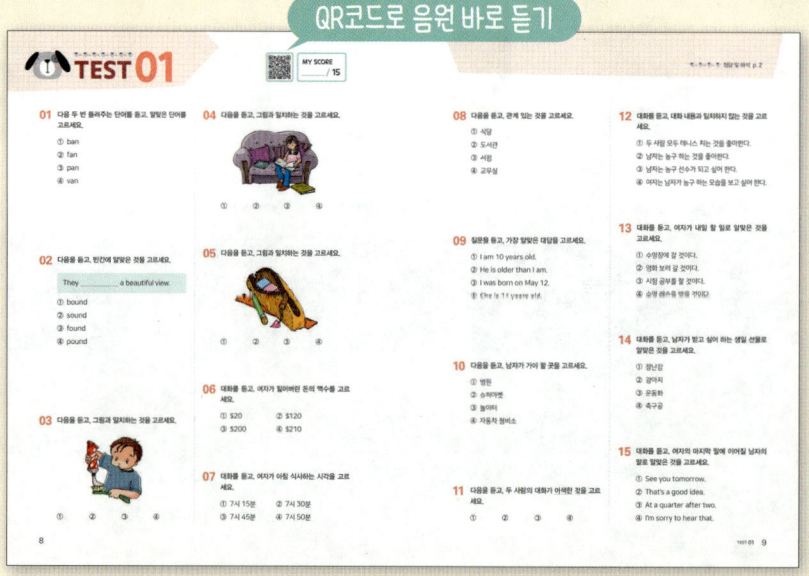

QR코드로 음원 바로 듣기

DICTATION
받아쓰기

중요 어휘·표현 및 헷갈릴 수 있는 발음을 점검하고 학습할 수 있도록 받아쓰기를 구성했습니다. 전 지문의 받아쓰기를 통해서 대화 및 담화 내용을 한 번 더 익히고, 중요 표현을 복습할 수 있습니다.

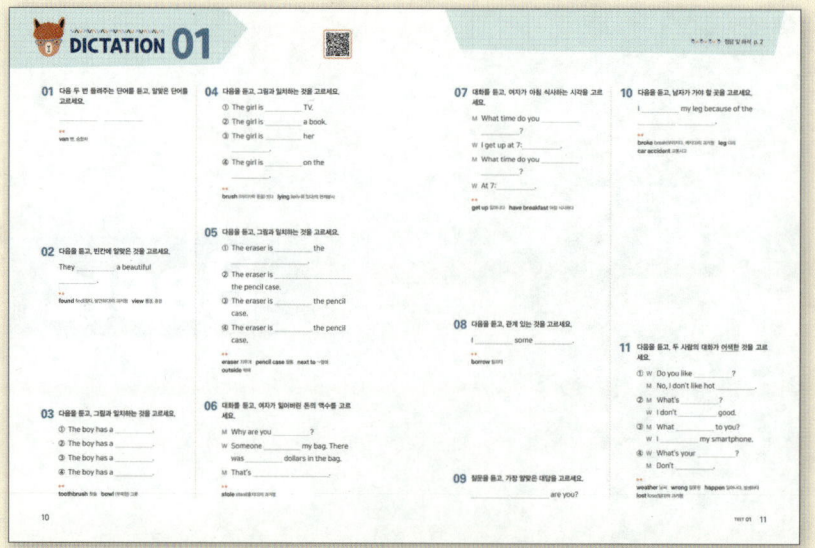

REVIEW TEST
리뷰 테스트

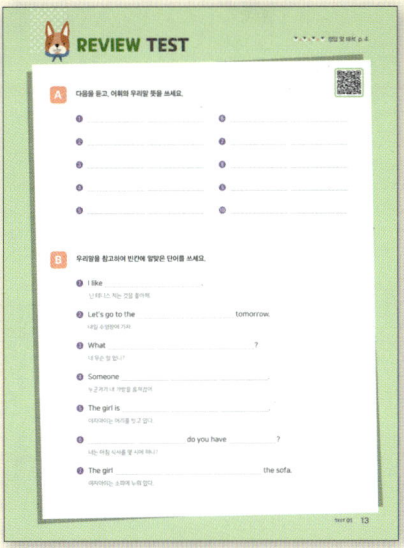

모의고사에서 나온 중요 어휘와 문장을 복습할 수 있는 리뷰 테스트를 수록했습니다. 어휘를 듣고 어휘 및 우리말 뜻 쓰기와, 문장 빈칸 채우기를 통해서 핵심 어휘와 표현을 확실하게 복습할 수 있습니다.

ANSWERS & SCRIPTS
정답 및 해석

한눈에 들어오는 정답 및 해석으로 편리하게 정답, 대본, 중요 어휘를 확인할 수 있습니다.

온라인 부가자료 www.darakwon.co.kr
다락원 홈페이지에서 무료로 부가자료를 다운로드하거나 웹에서 이용할 수 있습니다.
- 다양한 MP3 파일 제공: TEST별 (0.8배속 / 1.0배속 / 1.2배속) & 문항별
- 어휘 리스트 & 어휘 테스트

CONTENTS
목차

TEST 01	8
TEST 02	14
TEST 03	20
TEST 04	26
TEST 05	32
TEST 06	38
TEST 07	44
TEST 08	50
TEST 09	56
TEST 10	62
TEST 11	68
TEST 12	74
TEST 13	80
TEST 14	86
TEST 15	92
TEST 16	98
TEST 17	104
TEST 18	110
TEST 19	116
TEST 20	122

TEST
실전 모의고사

TEST 01

MY SCORE ____ / 15

01 다음 두 번 들려주는 단어를 듣고, 알맞은 단어를 고르세요.

① ban
② fan
③ pan
④ van

02 다음을 듣고, 빈칸에 알맞은 것을 고르세요.

They _____ a beautiful view.

① bound
② sound
③ found
④ pound

03 다음을 듣고, 그림과 일치하는 것을 고르세요.

① ② ③ ④

04 다음을 듣고, 그림과 일치하는 것을 고르세요.

① ② ③ ④

05 다음을 듣고, 그림과 일치하는 것을 고르세요.

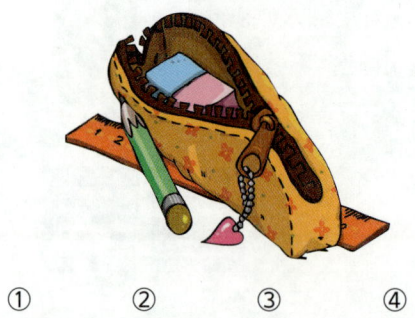

① ② ③ ④

06 대화를 듣고, 여자가 잃어버린 돈의 액수를 고르세요.

① $20   ② $120
③ $200 ④ $210

07 대화를 듣고, 여자가 아침 식사하는 시각을 고르세요.

① 7시 15분   ② 7시 30분
③ 7시 45분   ④ 7시 50분

8

08 다음을 듣고, 관계 있는 것을 고르세요.

① 식당
② 도서관
③ 서점
④ 교무실

09 질문을 듣고, 가장 알맞은 대답을 고르세요.

① I am 10 years old.
② He is older than I am.
③ I was born on May 12.
④ She is 14 years old.

10 다음을 듣고, 남자가 가야 할 곳을 고르세요.

① 병원
② 슈퍼마켓
③ 놀이터
④ 자동차 정비소

11 다음을 듣고, 두 사람의 대화가 어색한 것을 고르세요.

① ② ③ ④

12 대화를 듣고, 대화 내용과 일치하지 않는 것을 고르세요.

① 두 사람 모두 테니스 치는 것을 좋아한다.
② 남자는 농구 하는 것을 좋아한다.
③ 남자는 농구 선수가 되고 싶어 한다.
④ 여자는 남자가 농구 하는 모습을 보고 싶어 한다.

13 대화를 듣고, 여자가 내일 할 일로 알맞은 것을 고르세요.

① 수영장에 갈 것이다.
② 영화 보러 갈 것이다.
③ 시험 공부를 할 것이다.
④ 수영 레슨을 받을 것이다.

14 대화를 듣고, 남자가 받고 싶어 하는 생일 선물로 알맞은 것을 고르세요.

① 장난감
② 강아지
③ 운동화
④ 축구공

15 대화를 듣고, 여자의 마지막 말에 이어질 남자의 말로 알맞은 것을 고르세요.

① See you tomorrow.
② That's a good idea.
③ At a quarter after two.
④ I'm sorry to hear that.

DICTATION 01

01 다음 두 번 들려주는 단어를 듣고, 알맞은 단어를 고르세요.

_____   _____

• **van** 밴, 승합차

02 다음을 듣고, 빈칸에 알맞은 것을 고르세요.

They _____ a beautiful _____.

• **found** find(찾다, 발견하다)의 과거형   **view** 풍경, 광경

03 다음을 듣고, 그림과 일치하는 것을 고르세요.

① The boy has a _____.
② The boy has a _____.
③ The boy has a _____.
④ The boy has a _____.

• **toothbrush** 칫솔   **bowl** (우묵한) 그릇

04 다음을 듣고, 그림과 일치하는 것을 고르세요.

① The girl is _____ TV.
② The girl is _____ a book.
③ The girl is _____ her _____.
④ The girl is _____ on the _____.

• **brush** (머리카락 등을) 빗다   **lying** lie(누워 있다)의 현재분사

05 다음을 듣고, 그림과 일치하는 것을 고르세요.

① The eraser is _____ the _____ _____.
② The eraser is _____ _____ the pencil case.
③ The eraser is _____ the pencil case.
④ The eraser is _____ the pencil case.

• **eraser** 지우개   **pencil case** 필통   **next to** ~옆에
outside 밖에

06 대화를 듣고, 여자가 잃어버린 돈의 액수를 고르세요.

M Why are you _____?
W Someone _____ my bag. There was _____ dollars in the bag.
M That's _____ _____.

• **stole** steal(훔치다)의 과거형

07 대화를 듣고, 여자가 아침 식사하는 시각을 고르세요.

M What time do you _____ _____?
W I get up at 7:_____.
M What time do you _____ _____?
W At 7:_____.

get up 일어나다 **have breakfast** 아침 식사하다

08 다음을 듣고, 관계 있는 것을 고르세요.

I _____ some _____.

borrow 빌리다

09 질문을 듣고, 가장 알맞은 대답을 고르세요.

_____ _____ are you?

10 다음을 듣고, 남자가 가야 할 곳을 고르세요.

I _____ my leg because of the _____ _____.

broke break(부러지다, 깨지다)의 과거형 **leg** 다리
car accident 교통사고

11 다음을 듣고, 두 사람의 대화가 어색한 것을 고르세요.

① W Do you like _____?
   M No, I don't like hot _____.
② M What's _____?
   W I don't _____ good.
③ M What _____ to you?
   W I _____ my smartphone.
④ W What's your _____?
   M Don't _____.

weather 날씨 **wrong** 잘못된 **happen** 일어나다, 발생하다
lost lose(잃다)의 과거형

TEST 01   11

DICTATION 01

12 대화를 듣고, 대화 내용과 일치하지 않는 것을 고르세요.

W I like _____ _____. What about you, Paul?

M I _____ _____ it. I like playing basketball. I want to be a _____ _____.

W Oh, I want to _____ you _____ basketball.

play tennis 테니스 치다 **basketball player** 농구 선수

13 대화를 듣고, 여자가 내일 할 일로 알맞은 것을 고르세요.

M Let's go to the _____ _____ tomorrow.

W I want to go, but I _____ _____ _____ for the exam.

swimming pool 수영장 **need to** ~해야 하다
study 공부하다 **exam** 시험

14 대화를 듣고, 남자가 받고 싶어 하는 생일 선물로 알맞은 것을 고르세요.

W _____ is your birthday?

M My birthday is in _____.

W _____ do you _____ for your birthday?

M I want a _____ of _____.

December 12월 **a pair of** 한 켤레[쌍]의 **sneakers** 운동화

15 대화를 듣고, 여자의 마지막 말에 이어질 남자의 말로 알맞은 것을 고르세요.

W What _____ is it now?

M It's _____ _____.

W I'm _____. Let's have _____ now.

M That's a good idea.

now 지금, 이제 **have dinner** 저녁 식사하다

정답 및 해석 p. 4

A 다음을 듣고, 어휘와 우리말 뜻을 쓰세요.

1. _____ _____
2. _____ _____
3. _____ _____
4. _____ _____
5. _____ _____
6. _____ _____
7. _____ _____
8. _____ _____
9. _____ _____
10. _____ _____

B 우리말을 참고하여 빈칸에 알맞은 단어를 쓰세요.

1. I like _____ _____.
   난 테니스 치는 것을 좋아해.

2. Let's go to the _____ _____ tomorrow.
   내일 수영장에 가자.

3. What _____ _____ _____?
   너 무슨 일 있니?

4. Someone _____ _____ _____.
   누군가가 내 가방을 훔쳐갔어.

5. The girl is _____ _____ _____.
   여자아이는 머리를 빗고 있다.

6. _____ _____ do you have _____?
   너는 아침 식사를 몇 시에 하니?

7. The girl _____ _____ _____ the sofa.
   여자아이는 소파에 누워 있다.

TEST 01 13

TEST 02

MY SCORE _____ / 15

01 다음 두 번 들려주는 단어를 듣고, 알맞은 단어를 고르세요.

① chin
② sin
③ thin
④ tin

02 다음을 듣고, 빈칸에 알맞은 것을 고르세요.

I _____ my nose.

① throw
② borrow
③ flow
④ blow

03 다음을 듣고, 그림과 일치하는 것을 고르세요.

① ② ③ ④

04 다음을 듣고, 그림과 일치하는 것을 고르세요.

① ② ③ ④

05 다음을 듣고, 그림과 일치하는 것을 고르세요.

① ② ③ ④

06 대화를 듣고, 두 사람이 내일 만나기로 한 시각을 고르세요.

① 10 a.m.   ② 10 p.m.
③ 11 a.m.   ④ 11 p.m.

07 대화를 듣고, 남자의 전화번호를 고르세요.

① 322-9676
② 322-6976
③ 323-6976
④ 332-9676

08 다음을 듣고, 관계 있는 것을 고르세요.

① 크리스마스
② 추수감사절
③ 생일
④ 어린이날

09 질문을 듣고, 가장 알맞은 대답을 고르세요.

① My work starts at 8:30.
② I live with my grandparents.
③ I have some work to do tonight.
④ I am a professor at Brown University.

10 대화를 듣고, 두 사람의 관계로 알맞은 것을 고르세요.

① 직장 상사 – 직원
② 선생님 – 학생
③ 아버지 – 딸
④ 점원 – 고객

11 다음을 듣고, 두 사람의 대화가 어색한 것을 고르세요.

①　　②　　③　　④

12 대화를 듣고, 대화 내용과 일치하지 않는 것을 고르세요.

① John은 영화를 보고 있다.
② John은 영화관에 있다.
③ John은 영화 보는 것을 좋아한다.
④ 여자는 John에게 영화를 보러 가자고 제안했다.

13 대화를 듣고, 두 사람이 대화하는 장소로 가장 알맞은 곳을 고르세요.

① 옷 가게
② 도서관
③ 문구점
④ 교실

14 대화를 듣고, 여자의 직업으로 알맞은 것을 고르세요.

① 수의사
② 치과의사
③ 약사
④ 교사

15 대화를 듣고, 남자의 마지막 말에 이어질 여자의 말로 알맞은 것을 고르세요.

① Nice to meet you.
② I am from China.
③ How are you?
④ I love Korea, too.

DICTATION 02

01 다음 두 번 들려주는 단어를 듣고, 알맞은 단어를 고르세요.

_____ _____

··
thin 얇은

02 다음을 듣고, 빈칸에 알맞은 것을 고르세요.

I _____ my _____.

··
blow one's nose 코를 풀다

03 다음을 듣고, 그림과 일치하는 것을 고르세요.

① Two _____ are _____.
② Two children are _____.
③ Two children are _____.
④ Two children are _____ some flowers.

··
pray 기도하다 paint (그림을) 그리다, 채색하다
plant (나무 등을) 심다

04 다음을 듣고, 그림과 일치하는 것을 고르세요.

① The girl is _____ a skirt.
② The girl is _____ outside.
③ The girl is _____ _____.
④ The girl is _____ her dog.

··
wear 입고 있다 jog 조깅하다 jump rope 줄넘기하다
walk 산책시키다

05 다음을 듣고, 그림과 일치하는 것을 고르세요.

① People are _____ _____ the plane.
② People are _____ _____ the train.
③ People are _____ at a bus stop.
④ People are _____ in the _____.

··
get on 타다, 탑승하다 plane 비행기 wait for ~을 기다리다
train 기차 bus stop 버스 정류장 restaurant 식당

06 대화를 듣고, 두 사람이 내일 만나기로 한 시각을 고르세요.

M What time shall we _____ _____?
W Let's meet at _____ _____ tomorrow morning!

··
o'clock ~시(時)

07 대화를 듣고, 남자의 전화번호를 고르세요.

W What is your _____ _____?

M My phone number is _____-_____.

•• **phone number** 전화번호

08 다음을 듣고, 관계 있는 것을 고르세요.

I was _____ on September 18. My parents _____ me a lot of _____ on this day.

•• **September** 9월 **a lot of** 많은 **gift** 선물

09 질문을 듣고, 가장 알맞은 대답을 고르세요.

What do you do _____ _____ _____?

•• **living** 생계, 생활

10 대화를 듣고, 두 사람의 관계로 알맞은 것을 고르세요.

M You are _____ _____.

W I am sorry.

M We _____ a sales _____ this morning.

W It will not _____ again.

•• **late** 늦은 **sales meeting** 판매 회의

11 다음을 듣고, 두 사람의 대화가 <u>어색한</u> 것을 고르세요.

① M Please _____ the _____.

　W Here you are.

② M Nice to _____ _____.

　W Nice to meet you, too.

③ M What do you do?

　W I _____ _____.

④ M Did you like the _____?

　W Yes, it _____ _____.

•• **pass** 건네주다 **ski** 스키 타다 **dessert** 후식, 디저트

TEST 02 17

DICTATION 02

12 대화를 듣고, 대화 내용과 일치하지 <u>않는</u> 것을 고르세요.

W What is John doing?
M He is watching a _____ _____ at the _____.
W Does he like watching movies?
M Yes, he _____ _____.

••
new 새로운   theater 극장, 영화관

13 대화를 듣고, 두 사람이 대화하는 장소로 가장 알맞은 곳을 고르세요.

M Do you have any _____?
W Yes, _____ _____ do you want?
M I want _____ and _____.
W Here they are. They are five dollars.

••
color 색깔

14 대화를 듣고, 여자의 직업으로 알맞은 것을 고르세요.

W What's wrong?
M I have a _____. I can't _____ _____.
W Open your _____, please.
M Ahhhhh…

••
toothache 치통   anything 아무 것도   open 열다
mouth 입

15 대화를 듣고, 남자의 마지막 말에 이어질 여자의 말로 알맞은 것을 고르세요.

M Hi. I am Mike.
W Hi. I am Jamie. _____ are you _____?
M I am _____ _____. What about you?
W I am from China.

••
be from ~에서 오다, ~ 출신이다

REVIEW TEST

정답 및 해석 p. 7

A 다음을 듣고, 어휘와 우리말 뜻을 쓰세요.

1. _____ _____
2. _____ _____
3. _____ _____
4. _____ _____
5. _____ _____
6. _____ _____
7. _____ _____
8. _____ _____
9. _____ _____
10. _____ _____

B 우리말을 참고하여 빈칸에 알맞은 단어를 쓰세요.

1. The girl is _____ _____.
   여자아이는 밖에서 조깅하고 있다.

2. People are _____ in the _____.
   사람들이 식당에서 식사하고 있다.

3. I _____ _____ _____.
   나는 코를 푼다.

4. Did you _____ _____ _____?
   후식은 마음에 드셨어요?

5. Two children are _____ some _____.
   두 아이가 꽃을 심고 있다.

6. What do you do _____ _____ _____?
   당신의 직업은 무엇입니까?

7. _____ _____ shall we _____ _____?
   우리 내일 몇 시에 만날까?

TEST 02   19

TEST 03

MY SCORE _____ / 15

01 다음 두 번 들려주는 단어를 듣고, 알맞은 단어를 고르세요.

① sank
② thick
③ tank
④ thank

02 다음을 듣고, 빈칸에 알맞은 것을 고르세요.

I play _____ with my friends.

① carts
② cars
③ cards
④ cans

03 다음을 듣고, 그림과 일치하는 것을 고르세요.

① ② ③ ④

04 다음을 듣고, 그림과 일치하는 것을 고르세요.

① ② ③ ④

05 다음을 듣고, 그림과 일치하는 것을 고르세요.

① ② ③ ④

06 대화를 듣고, 할머니가 태어난 날짜를 고르세요.

① 1940년 7월 13일
② 1940년 7월 30일
③ 1943년 7월 13일
④ 1943년 7월 30일

07 대화를 듣고, 영화표 가격을 고르세요.

① $13   ② $15
③ $18   ④ $50

08 다음을 듣고, 관계 있는 것을 고르세요.

① job
② art
③ tool
④ company

09 질문을 듣고, 가장 알맞은 대답을 고르세요.

① I have no idea.
② Yes, they are very nice.
③ Yes, my brother and sister are busy.
④ No, I don't have any brothers or sisters.

10 대화를 듣고, 두 사람의 관계로 알맞은 것을 고르세요.

① 마트 직원 - 고객
② 호텔 직원 - 투숙객
③ 항공사 직원 – 승객
④ 사우나 직원 - 손님

11 다음을 듣고, 두 사람의 대화가 어색한 것을 고르세요.

① ② ③ ④

12 다음을 듣고, 내용과 일치하지 않는 것을 고르세요.

① Kate의 나이는 18세이다.
② Kate는 미국인 친구들과 살고 있다.
③ Kate는 학교에서 한국어를 배운다.
④ Kate는 한국에 사는 것을 좋아한다.

13 대화를 듣고, 대화 내용과 일치하지 않는 것을 고르세요.

① 여자는 소설책을 찾고 있다.
② 남자와 여자는 점원과 손님 사이다.
③ 남자는 여자에게 책 한 권을 추천했다.
④ 남자는 계산대에서 지불해 달라고 요청했다.

14 대화를 듣고, 두 사람이 대화하는 장소로 가장 알맞은 곳을 고르세요.

① 야구장
② 영화관
③ 도서관
④ 기차 안

15 대화를 듣고, 여자의 마지막 말에 이어질 남자의 말로 알맞은 것을 고르세요.

① It's my mistake.
② I won't do it again.
③ W-I-L-L-I-A-M.
④ My father's name is William.

DICTATION 03

01 다음 두 번 들려주는 단어를 듣고, 알맞은 단어를 고르세요.

_____ _____

thank 감사하다

02 다음을 듣고, 빈칸에 알맞은 것을 고르세요.

I _____ _____ with my friends.

play cards 카드놀이를 하다

03 다음을 듣고, 그림과 일치하는 것을 고르세요.

① The dog is _____ _____ the house.
② The dog is _____ _____ _____ the house.
③ The dog is _____ the house.
④ The dog is _____ the house.

in front of ~앞에   **on** ~위에   **behind** ~뒤에

04 다음을 듣고, 그림과 일치하는 것을 고르세요.

① Two boys are _____.
② Two boys are _____.
③ Two boys are _____.
④ Two boys are _____.

sneeze 재채기하다   **smile** 미소 짓다   **sing** 노래하다

05 다음을 듣고, 그림과 일치하는 것을 고르세요.

① It's _____ 11.
② It's _____ 1.
③ It's February _____.
④ It's February _____.

January 1월   **February** 2월

06 대화를 듣고, 할머니가 태어난 날짜를 고르세요.

M Mom, when _____ Grandma _____?
W She was born on _____ 30, _____.

grandma 할머니(= grandmother)

07 대화를 듣고, 영화표 가격을 고르세요.

W _____ _____ is a movie _____?

M It's _____ dollars.

•• movie ticket 영화표

08 다음을 듣고, 관계 있는 것을 고르세요.

architect, _____, artist, nurse, _____

•• architect 건축가 photographer 사진작가 artist 예술가 engineer 기술자

09 질문을 듣고, 가장 알맞은 대답을 고르세요.

Do you have any _____ or _____?

10 대화를 듣고, 두 사람의 관계로 알맞은 것을 고르세요.

W Where can I _____ the _____?

M It is in _____ 13.

W Thanks. Oh, one more thing. _____ _____ ice cream?

•• soap 비누 aisle 통로

11 다음을 듣고, 두 사람의 대화가 어색한 것을 고르세요.

① W When is _____ _____?
   M My birthday is on _____ _____.

② W Do you want to _____ a car?
   M Yes, I do.

③ W What time do you _____ _____ school?
   M I get to school _____ _____.

④ W _____ is he?
   M He is my _____, Joshua.

•• June 6월 rent (돈을 주고) 빌리다 get to ~에 도착하다 cousin 사촌

DICTATION 03

12 다음을 듣고, 내용과 일치하지 <u>않는</u> 것을 고르세요.

I'm Kate. I'm _____ the USA, but I _____ _____ Korea with a _____ family now. I am 18 years old. I _____ Korean at school. I am _____ to live in Korea.

··
learn 배우다 **Korean** 한국(어)의; 한국어

13 대화를 듣고, 대화 내용과 일치하지 <u>않는</u> 것을 고르세요.

W Excuse me. I am _____ _____ a _____.
M The best-selling novels are here.
W Thanks. _____ I _____ here?
M Please pay at the _____.

··
look for ~을 찾다 **novel** 소설책 **best-selling** 베스트셀러의, 가장 잘 팔리는 **pay** (돈을) 지불하다 **counter** 계산대

14 대화를 듣고, 두 사람이 대화하는 장소로 가장 알맞은 곳을 고르세요.

M Excuse me. I can't _____ my _____.
W I'll _____ you there.
M Thanks.
W You're welcome. _____ the movie.

··
seat 좌석, 자리 **enjoy** 즐기다

15 대화를 듣고, 여자의 마지막 말에 이어질 남자의 말로 알맞은 것을 고르세요.

W _____ your name?
M My name is William.
W Sorry. _____ _____ _____ your name?
M W-I-L-L-I-A-M.

··
spell 철자를 말하다[쓰다]

REVIEW TEST

정답 및 해석 p. 10

A 다음을 듣고, 어휘와 우리말 뜻을 쓰세요.

1. _____ _____
2. _____ _____
3. _____ _____
4. _____ _____
5. _____ _____
6. _____ _____
7. _____ _____
8. _____ _____
9. _____ _____
10. _____ _____

B 우리말을 참고하여 빈칸에 알맞은 단어를 쓰세요.

1. I _____ _____ at school.
   저는 학교에서 한국어를 배워요.

2. Please _____ at the _____.
   계산대에서 지불해 주세요.

3. The dog is _____ the _____.
   개는 집 뒤에 있다.

4. How much is a _____ _____?
   영화표가 얼마인가요?

5. Where can I _____ the _____?
   비누는 어디에서 찾을 수 있나요?

6. I can't _____ _____ _____.
   저는 제 좌석을 찾을 수가 없어요.

7. I am _____ _____ a _____.
   저는 소설책을 찾고 있어요.

TEST 03   25

TEST 04

MY SCORE
_____ / 15

01 다음 두 번 들려주는 단어를 듣고, 알맞은 단어를 고르세요.

① peach
② teach
③ beach
④ reach

02 다음을 듣고, 빈칸에 알맞은 것을 고르세요.

I saw a bug in the _____.

① glass
② class
③ gross
④ grass

03 다음을 듣고, 그림과 일치하는 것을 고르세요.

① ② ③ ④

04 다음을 듣고, 그림과 일치하는 것을 고르세요.

① ② ③ ④

05 다음을 듣고, 그림과 일치하는 것을 고르세요.

① ② ③ ④

06 대화를 듣고, 여자의 생일을 고르세요.

① 10월 7일   ② 10월 17일
③ 11월 7일   ④ 11월 17일

07 대화를 듣고, 남자가 가지고 있는 돈의 액수를 고르세요.

① $2   ② $4
③ $8   ④ $14

08 다음을 듣고, 관계 있는 것을 고르세요.

① 우체국
② 슈퍼마켓
③ 식당
④ 미용실

09 질문을 듣고, 가장 알맞은 대답을 고르세요.

① No, I don't know.
② Yes, this homework is mine.
③ Yes, I have homework to do.
④ No, I understand everything.

10 대화를 듣고, 두 사람의 관계로 알맞은 것을 고르세요.

① 심판 - 운동선수
② 경찰 - 도둑
③ 선생님 - 학생
④ 의사 - 환자

11 다음을 듣고, 두 사람의 대화가 <u>어색한</u> 것을 고르세요.

①   ②   ③   ④

12 대화를 듣고, 대화 내용과 일치하지 <u>않는</u> 것을 고르세요.

① Jenny는 노란색 드레스를 입고 있다.
② Daniel은 파란색 셔츠를 입고 있다.
③ Lisa는 하얀색 블라우스와 검은색 치마를 입고 있다.
④ Jack은 검은색 양복에 넥타이를 매고 있다.

13 다음을 듣고, 내용과 일치하는 것을 고르세요.

① 우리 집 옆에 나무가 있다.
② 교회 앞에 큰 나무가 있다.
③ 교회 안에 개가 있다.
④ 나무 아래에 고양이가 있다.

14 대화를 듣고, 화장실의 위치를 고르세요.

① 1층
② 2층
③ 카페 안
④ 카페 맞은편

15 대화를 듣고, 남자의 마지막 말에 이어질 여자의 말로 알맞은 것을 고르세요.

① I'm not sure.
② Sorry. I can't.
③ Nice to meet you, too.
④ I am happy to hear from you.

01 다음 두 번 들려주는 단어를 듣고, 알맞은 단어를 고르세요.

_____ _____

• beach 해변

02 다음을 듣고, 빈칸에 알맞은 것을 고르세요.

I _____ a bug in the _____.

• saw see(보다)의 과거형 bug 벌레 grass 풀, 잔디

03 다음을 듣고, 그림과 일치하는 것을 고르세요.

① The man is a _____.
② The man is a _____.
③ The man is a _____.
④ The man is a _____.

• scientist 과학자 doctor 의사 farmer 농부 teacher 교사

04 다음을 듣고, 그림과 일치하는 것을 고르세요.

① The boy likes to _____ _____.
② The boy likes to play _____.
③ The boy likes to play _____.
④ The boy likes to play _____.

• baseball 야구 volleyball 배구

05 다음을 듣고, 그림과 일치하는 것을 고르세요.

① It's _____ _____ after five.
② It's a quarter _____ _____.
③ It's a _____ _____ six.
④ It's a quarter _____ _____.

06 대화를 듣고, 여자의 생일을 고르세요.

M Is _____ your _____?
W Yes, it is. Today is the _____ of _____.

• today 오늘 October 10월

07 대화를 듣고, 남자가 가지고 있는 돈의 액수를 고르세요.

W How much money do you have?
M I have _____ dollars. That's _____ to _____ some ice cream for both of us.

••
enough 충분한   both 둘 다, 양쪽

08 다음을 듣고, 관계 있는 것을 고르세요.

I want to _____ a _____.

••
order 주문하다

09 질문을 듣고, 가장 알맞은 대답을 고르세요.

Do you have any _____ about the _____?

••
question 질문   homework 숙제

10 대화를 듣고, 두 사람의 관계로 알맞은 것을 고르세요.

M What _____ _____ here today?
W I _____ my _____.
M Can you _____ me your leg? We _____ to _____ an X-ray.

••
show 보여주다   take an X-ray 엑스레이 촬영을 하다

11 다음을 듣고, 두 사람의 대화가 어색한 것을 고르세요.

① W What's the _____ today?
   M It's June 1.
② W _____ is my mom?
   M She is in the _____.
③ W How _____ _____ _____?
   M Not bad.
④ W How do you _____ _____ _____?
   M My name is James.

••
date 날짜   bathroom 화장실

TEST 04   29

DICTATION 04

12 대화를 듣고, 대화 내용과 일치하지 <u>않는</u> 것을 고르세요.

W1 I'm Jenny. I am wearing a _____ _____.

M1 I'm Daniel. I am wearing _____ _____ and a red _____.

W2 I'm Lisa. I am wearing a white _____ and a black _____.

M2 I'm Jack. I am wearing a _____ _____ and a _____.

••
blue jeans 청바지   **suit** 정장   **necktie** 넥타이

13 다음을 듣고, 내용과 일치하는 것을 고르세요.

_____ a _____ next to my house. There's a big tree _____ _____ _____ the church. And there's a _____ _____ the tree.

••
church 교회

14 대화를 듣고, 화장실의 위치를 고르세요.

W Excuse me. Where is the _____?

M It's on the _____ _____. It's next to the _____ _____.

W Thank you.

M You're _____.

••
washroom 화장실   **floor** (건물의) 층

15 대화를 듣고, 남자의 마지막 말에 이어질 여자의 말로 알맞은 것을 고르세요.

M Do you _____ _____?

W Yes, I do.

M I live _____ _____. Nice to meet you.

W <u>Nice to meet you, too.</u>

••
next door 옆집(에)

정답 및 해석 p. 13

A 다음을 듣고, 어휘와 우리말 뜻을 쓰세요.

1. _____ _____
2. _____ _____
3. _____ _____
4. _____ _____
5. _____ _____
6. _____ _____
7. _____ _____
8. _____ _____
9. _____ _____
10. _____ _____

B 우리말을 참고하여 빈칸에 알맞은 단어를 쓰세요.

1. I saw a(n) _____ in the _____.
   나는 풀 속에서 벌레를 보았다.

2. _____ do you _____ your name?
   네 이름의 철자를 어떻게 쓰니?

3. _____ _____ _____ here today?
   오늘 무슨 일로 여기에 오셨나요?

4. Do you have any _____ about the _____?
   숙제에 대해서 질문이 있니?

5. _____ _____ _____ today?
   오늘이 며칠이에요?

6. I _____ to _____ a hamburger.
   저는 햄버거를 주문하고 싶어요.

7. I am _____ _____ _____ and a red shirt.
   나는 청바지와 빨간색 셔츠를 입고 있어.

TEST 04

TEST 05

MY SCORE _____ / 15

01 다음 두 번 들려주는 단어를 듣고, 알맞은 단어를 고르세요.

① beds
② bees
③ peace
④ pee

02 다음을 듣고, 빈칸에 알맞은 것을 고르세요.

> Please put this _____ in the box.

① letter
② ladder
③ little
④ later

03 다음을 듣고, 그림과 일치하는 것을 고르세요.

① ② ③ ④

04 다음을 듣고, 그림과 일치하는 것을 고르세요.

① ② ③ ④

05 다음을 듣고, 그림과 일치하는 것을 고르세요.

① ② ③ ④

06 대화를 듣고, 남자가 사는 곳의 주소를 고르세요.

① 15 Maple Street
② 15 Main Street
③ 27 Maple Street
④ 27 Main Street

07 대화를 듣고, 여자가 키우는 반려동물의 수를 고르세요.

① 3   ② 4
③ 5   ④ 7

08 다음을 듣고, 관계 있는 것을 고르세요.

① 우체부
② 경찰
③ 택시 운전사
④ 청소부

09 질문을 듣고, 가장 알맞은 대답을 고르세요.

① No, I like it.
② Yes, I'll have some coffee.
③ Please help yourself.
④ I don't have a drink.

10 대화를 듣고, 두 사람의 관계로 알맞은 것을 고르세요.

① 식당 종업원 - 손님
② 수의사 - 강아지 주인
③ 채소 가게 주인 - 손님
④ 은행 직원 - 고객

11 다음을 듣고, 두 사람의 대화가 어색한 것을 고르세요.

① ② ③ ④

12 대화를 듣고, 대화 내용과 일치하지 않는 것을 고르세요.

① 여자는 테니스를 치고 싶어 한다.
② 남자는 테니스를 좋아하지만 치는 법은 모른다.
③ 남자는 인라인스케이트 타는 것을 좋아한다.
④ 여자는 남자에게 인라인스케이트를 타러 가자고 제안했다.

13 대화를 듣고, 두 사람이 대화 직후에 할 일로 알맞은 것을 고르세요.

① 우산을 빌리러 갈 것이다.
② 우산을 같이 쓰고 갈 것이다.
③ 비를 맞고 집에 갈 것이다.
④ 우산을 사러 갈 것이다.

14 대화를 듣고, 남자가 구입하려는 것이 무엇인지 고르세요.

① 파란색 스웨터
② 동생 선물
③ 파란색 셔츠
④ 엄마 선물

15 대화를 듣고, 여자의 마지막 말에 이어질 남자의 말로 알맞은 것을 고르세요.

① You're welcome.
② I think so.
③ Get enough sleep.
④ Thank you very much.

DICTATION 05

01 다음 두 번 들려주는 단어를 듣고, 알맞은 단어를 고르세요.

_____ _____

bee 벌

02 다음을 듣고, 빈칸에 알맞은 것을 고르세요.

Please put this _____ in the _____.

letter 편지

03 다음을 듣고, 그림과 일치하는 것을 고르세요.

① It is _____.
② It is _____.
③ It is _____.
④ It is _____.

summer 여름 fall 가을 spring 봄 winter 겨울

04 다음을 듣고, 그림과 일치하는 것을 고르세요.

① The girl is _____ _____ _____.
② The girl is playing the _____.
③ The girl is playing the _____.
④ The girl is playing the _____.

flute 플루트 guitar 기타

05 다음을 듣고, 그림과 일치하는 것을 고르세요.

① The woman is sleeping in the _____.
② The woman is cleaning in the _____ _____.
③ The woman is _____ in the _____.
④ The woman is _____ grass in the _____.

bedroom 침실 living room 거실 cook 요리하다
kitchen 부엌 cut 자르다, 베다 yard 뜰

06 대화를 듣고, 남자가 사는 곳의 주소를 고르세요.

M _____ do you _____ now?
W I live at 15 Maple _____. What about you?
M My _____ is 27 Main Street.

street 거리, -가 address 주소

07 대화를 듣고, 여자가 키우는 반려동물의 수를 고르세요.

M Do you _____ _____?

W Yes, I do. I have three _____ and four _____.

•• pet 반려동물

08 다음을 듣고, 관계 있는 것을 고르세요.

I _____ _____ every day.

•• deliver 배달하다 package 소포

09 질문을 듣고, 가장 알맞은 대답을 고르세요.

Do you want _____ to _____?

•• something 어떤 것, 무엇 drink 음료수; 마시다

10 대화를 듣고, 두 사람의 관계로 알맞은 것을 고르세요.

M Hi. Do you have _____?

W Yes, _____ _____ do you want?

M I want _____, please. _____ _____ are they?

•• carrot 당근

11 다음을 듣고, 두 사람의 대화가 어색한 것을 고르세요.

① M _____ are you _____?
  W I want to _____.

② M What is your _____ _____?
  W It's baseball.

③ W What is your _____ _____?
  M My last name is Ellis.

④ W _____ _____ is it?
  M Today is _____.

•• favorite 가장 좋아하는 last name (이름의) 성

DICTATION 05

12 대화를 듣고, 대화 내용과 일치하지 <u>않는</u> 것을 고르세요.

W I want to _____ _____. Do you like to play tennis, too?

M No. I even don't know _____ _____ play. But I like in-line skating.

W I like it, too. Let's _____ _____ _____ together sometime!

••
even ~조차(도)　**how to** ~하는 방법　**in-line skate** 인라인스케이트를 타다

13 대화를 듣고, 두 사람이 대화 직후에 할 일로 알맞은 것을 고르세요.

W It's _____ _____. Do you have an _____ with you?

M Yes, what about you?

W No, I don't know _____ I am going to _____ _____.

M Don't worry. We can _____ _____.

W Thanks.

••
umbrella 우산　**share** 같이 쓰다, 공유하다

14 대화를 듣고, 남자가 구입하려는 것이 무엇인지 고르세요.

W How can I help you?

M I'm _____ _____ a _____ for my friend for his birthday.

W How about this _____ _____?

M That's a nice color. I _____ _____ _____.

15 대화를 듣고, 여자의 마지막 말에 이어질 남자의 말로 알맞은 것을 고르세요.

W What's _____ _____?

M I don't feel well.

W Do you _____ _____ _____?

M I think so.

••
matter 문제　**have a cold** 감기에 걸리다

REVIEW TEST

정답 및 해석 p. 16

A 다음을 듣고, 어휘와 우리말 뜻을 쓰세요.

1. _____
2. _____
3. _____
4. _____
5. _____
6. _____
7. _____
8. _____
9. _____
10. _____

B 우리말을 참고하여 빈칸에 알맞은 단어를 쓰세요.

1. I don't _____ _____.
   몸이 별로 안 좋아요.

2. I _____ _____ every day.
   저는 매일 소포를 배달합니다.

3. _____ _____ is it?
   무슨 요일이지?

4. What is your _____ _____?
   네가 가장 좋아하는 스포츠가 뭐니?

5. The woman is _____ grass in the _____.
   여자는 뜰에서 풀을 베고 있다.

6. The girl is _____ _____ _____.
   여자아이는 기타를 치고 있다.

7. Do you want _____ _____ _____?
   너 뭐 좀 마실래?

TEST 06

MY SCORE ____ / 15

01 다음 두 번 들려주는 단어를 듣고, 알맞은 단어를 고르세요.

① cut
② nut
③ but
④ hut

02 다음을 듣고, 빈칸에 알맞은 것을 고르세요.

I _____ home.

① work
② want
③ walk
④ wake

03 다음을 듣고, 그림과 일치하는 것을 고르세요.

① ② ③ ④

04 다음을 듣고, 그림과 일치하는 것을 고르세요.

① ② ③ ④

05 다음을 듣고, 그림과 일치하는 것을 고르세요.

① ② ③ ④

06 대화를 듣고, 현재 시각을 고르세요.

① 8시   ② 8시 30분
③ 9시   ④ 9시 30분

07 대화를 듣고, 여자의 아들이 몇 살인지 고르세요.

① 8개월   ② 18개월
③ 8살   ④ 18살

08 다음을 듣고, 관계 있는 것을 고르세요.

① 변호사
② 유튜버
③ 운동선수
④ 교사

09 질문을 듣고, 가장 알맞은 대답을 고르세요.

① Yes, she is talking now.
② No, I don't like her.
③ I'm sorry. She is out to lunch.
④ Yes, you may go home with Mary.

10 대화를 듣고, 두 사람의 관계로 알맞은 것을 고르세요.

① 의사 - 환자
② 자동차 정비사 - 자동차 주인
③ 주유소 직원 - 운전자
④ 택시 운전사 - 승객

11 다음을 듣고, 두 사람의 대화가 어색한 것을 고르세요.

① ② ③ ④

12 대화를 듣고, 대화 내용과 일치하는 것을 고르세요.

① 남자는 일요일에 캠핑을 간다.
② 남자는 토요일에 친구들을 만난다.
③ 남자는 토요일에 가족과 캠핑을 간다.
④ 남자는 주말에 친구들과 등산을 간다.

13 대화를 듣고, 여자의 태도로 알맞은 것을 고르세요.

① 관대함
② 화남
③ 소극적임
④ 무례함

14 대화를 듣고, 남자의 직업으로 알맞은 것을 고르세요.

① teacher
② waiter
③ lawyer
④ chef

15 대화를 듣고, 남자의 마지막 말에 이어질 여자의 말로 알맞은 것을 고르세요.

① Oh, thank you.
② At six thirty.
③ It lasts for an hour.
④ He spends six hours.

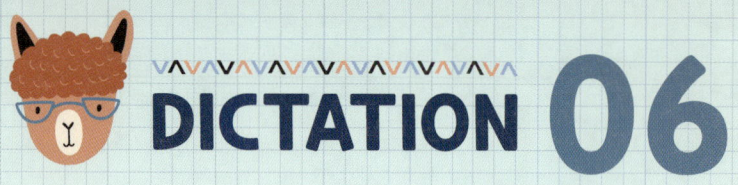 

DICTATION 06

01 다음 두 번 들려주는 단어를 듣고, 알맞은 단어를 고르세요.

_____ _____

•• but 그러나

02 다음을 듣고, 빈칸에 알맞은 것을 고르세요.

I _____ _____.

•• walk 걷다

03 다음을 듣고, 그림과 일치하는 것을 고르세요.

① The girl has _____ hair.
② The girl has _____ hair.
③ The girl has _____ hair.
④ The girl has _____ hair.

•• curly 곱슬곱슬한

04 다음을 듣고, 그림과 일치하는 것을 고르세요.

① The man is _____ the _____.
② The man is painting the _____.
③ The man is painting the _____.
④ The man is painting the _____.

•• paint 페인트칠하다 fence 울타리, 담 floor 바닥 roof 지붕 room 방

05 다음을 듣고, 그림과 일치하는 것을 고르세요.

① The girl is washing her _____.
② The girl is _____ her _____.
③ The girl is _____ a _____.
④ The girl is washing the _____.

•• face 얼굴 brush 닦다 teeth tooth(이)의 복수형 take a shower 샤워하다 wash the dishes 설거지하다

06 대화를 듣고, 현재 시각을 고르세요.

M Excuse me. Do you _____ _____ _____? Is it _____ o'clock now?
W No. It's exactly _____ o'clock.
M Thank you.

•• have the time 몇 시인지 알다 exactly 정확히

07 대화를 듣고, 여자의 아들이 몇 살인지 고르세요.

M Your _____ is so _____.
    How _____ is he?
W He is _____ _____ old.

son 아들 **cute** 귀여운 **month** 달, 월

08 다음을 듣고, 관계 있는 것을 고르세요.

I _____ _____ at school.

student 학생

09 질문을 듣고, 가장 알맞은 대답을 고르세요.

_____ I _____ to Mary?

May I talk to ~? ~와 통화할 수 있나요?

10 대화를 듣고, 두 사람의 관계로 알맞은 것을 고르세요.

W What's the _____ with my car?
M It has an _____ _____.
W Really? How long will it _____
    to _____ _____?

engine 엔진 **problem** 문제 **take** (시간이) 걸리다
fix 고치다, 수리하다

11 다음을 듣고, 두 사람의 대화가 어색한 것을 고르세요.

① M Do you like pizza?
   W Yes, I _____ _____.
② W How do you _____ today?
   M You _____ _____.
③ M Why are you _____?
   W _____ I have a _____ tomorrow.
④ M Can I _____ that pen?
   W Sure, but please _____ it.

worried 걱정하는 **because** ~때문에 **quiz** 시험
return 돌려주다

TEST **06** 41

DICTATION 06

12 대화를 듣고, 대화 내용과 일치하는 것을 고르세요.

- W What are you _____ _____ do this _____?
- M I'm going to _____ _____ this Saturday.
- W Are you going with your _____?
- M No. I'm going with _____ _____.

weekend 주말 **go camping** 캠핑 가다

13 대화를 듣고, 여자의 태도로 알맞은 것을 고르세요.

- M Mom, I _____ my _____ today.
- W Oh, let me see them.
- M They are not _____ _____.
- W It's okay. You will do a _____ _____ the next time.

receive 받다 **grade** 성적 **do a good job** ~을 잘하다

14 대화를 듣고, 남자의 직업으로 알맞은 것을 고르세요.

- M Are you _____ _____ _____?
- W Yes, I will have some chicken and a bottle of _____ _____.
- M _____ _____ _____?
- W Yes, that's all.

ready to ~할 준비가 된 **a bottle of** ~한 병

15 대화를 듣고, 남자의 마지막 말에 이어질 여자의 말로 알맞은 것을 고르세요.

- M What time is your _____ _____?
- W It's at _____ o'clock.
- M _____ _____ does it last?
- W It lasts for an hour.

lesson 수업 **hour** 한 시간; 시각

# REVIEW TEST

정답 및 해석 p. 19

A 다음을 듣고, 어휘와 우리말 뜻을 쓰세요.

1. _____
2. _____
3. _____
4. _____
5. _____
6. _____
7. _____
8. _____
9. _____
10. _____

B 우리말을 참고하여 빈칸에 알맞은 단어를 쓰세요.

1. _____ do you _____ today?
   너는 오늘 기분이 어때?

2. The girl _____ _____ _____.
   여자아이는 곱슬머리이다.

3. Do you _____ _____ _____?
   몇 시인지 아시나요?

4. Are you _____ _____ _____?
   주문할 준비가 되셨나요?

5. The girl is _____ _____ _____.
   여자아이는 이를 닦고 있다.

6. The man is _____ _____ _____.
   남자는 지붕을 페인트칠하고 있다.

7. _____ _____ will it _____ to fix the car?
   차를 고치는 데 얼마나 걸릴까요?

TEST 06 43

TEST 07

01 다음 두 번 들려주는 단어를 듣고, 알맞은 단어를 고르세요.

① front
② print
③ frog
④ friend

02 다음을 듣고, 빈칸에 알맞은 것을 고르세요.

She had a bad _____.

① cold
② cool
③ cord
④ card

03 다음을 듣고, 그림과 일치하는 것을 고르세요.

① ② ③ ④

04 다음을 듣고, 그림과 일치하는 것을 고르세요.

① ② ③ ④

05 다음을 듣고, 그림과 일치하는 것을 고르세요.

① ② ③ ④

06 대화를 듣고, 개학 날짜를 고르세요.

① 2월 3일　② 3월 3일
③ 3월 13일　④ 4월 3일

07 대화를 듣고, 두 사람이 주문할 피자의 가격을 고르세요.

① $8　② $12
③ $20　④ $28

08 다음을 듣고, 관계 있는 것을 고르세요.

① holiday
② weather
③ season
④ month

09 질문을 듣고, 가장 알맞은 대답을 고르세요.

① Yes, it's just across the street.
② No, it takes only 5 minutes.
③ Yes, I live near here.
④ No, it is not a big bank.

10 대화를 듣고, 두 사람의 관계로 알맞은 것을 고르세요.

① 의사 - 환자
② 교사 - 학부모
③ 승무원 - 승객
④ 새 이웃 - 동네 주민

11 다음을 듣고, 두 사람의 대화가 <u>어색한</u> 것을 고르세요.

① ② ③ ④

12 대화를 듣고, 대화 내용과 일치하는 것을 고르세요.

① 남자는 오늘 몸 상태가 좋다.
② 남자는 어제 등산을 했다.
③ 남자는 어제 늦게 잠들어서 피곤하다.
④ 남자는 오늘 남동생과 등산을 간다.

13 대화를 듣고, 남자가 지금 하고 있는 일로 알맞은 것을 고르세요.

① 요리책 보기
② 점심 먹기
③ 음식 만들기
④ TV 시청

14 대화를 듣고, 여자가 오늘 할 일로 알맞은 것을 고르세요.

① 산책하기
② 수영장 가기
③ 친구와 쇼핑하기
④ 엄마와 쇼핑하기

15 대화를 듣고, 남자의 마지막 말에 이어질 여자의 말로 알맞은 것을 고르세요.

① I didn't finish it.
② It starts in five minutes.
③ I don't want to see a movie.
④ It will start next Monday.

01 다음 두 번 들려주는 단어를 듣고, 알맞은 단어를 고르세요.

_____ _____

••
front (물건·장소의) 앞

02 다음을 듣고, 빈칸에 알맞은 것을 고르세요.

She _____ a bad _____.

••
bad cold 심한 감기

03 다음을 듣고, 그림과 일치하는 것을 고르세요.

① People are _____.
② People are _____.
③ People are _____.
④ People are _____.

••
skate 스케이트 타다   **shout** 소리치다   **fight** 싸우다

04 다음을 듣고, 그림과 일치하는 것을 고르세요.

① The boy is _____.
② The boy is _____.
③ The boy is _____.
④ The boy is _____.

••
asleep 자고 있는   **thirsty** 목마른

05 다음을 듣고, 그림과 일치하는 것을 고르세요.

① _____ _____ _____ in the room.
② There _____ _____ _____ in the room.
③ There is a _____ in the room.
④ There is a _____ in the room.

••
chair 의자

06 대화를 듣고, 개학 날짜를 고르세요.

W When _____ school _____ this year?
M It starts on _____ _____.

••
March 3월

07 대화를 듣고, 두 사람이 주문할 피자의 가격을 고르세요.

M Let's _____ some _____.

W That's a good idea. Let's get _____ _____.

M Then how much _____ _____ _____?

W It will be _____ dollars.

•• slice 조각

08 다음을 듣고, 관계 있는 것을 고르세요.

_____, summer, _____, winter

09 질문을 듣고, 가장 알맞은 대답을 고르세요.

Is there a _____ _____ _____?

•• bank 은행 near 가까운

10 대화를 듣고, 두 사람의 관계로 알맞은 것을 고르세요.

W Hi. We _____ _____ here a few days _____.

M Oh, nice to meet you.

W Nice to meet you, too. How long _____ _____ _____ here?

M We have lived here for _____ _____.

•• move 이사하다 ago 전에

11 다음을 듣고, 두 사람의 대화가 어색한 것을 고르세요.

① M _____ _____ _____ today?
   W Good. What about you?

② M I have a _____.
   W Why don't you _____ some _____?

③ W What does your father do?
   M He is _____ the _____.

④ W What time do you go to school?
   M I go to school at _____ _____ a.m.

•• headache 두통 rest 휴식 around ~쯤, 대략

TEST 07 47

DICTATION 07

12 대화를 듣고, 대화 내용과 일치하는 것을 고르세요.

M I'm really _____ today.

W Why? Did you _____ _____ _____ late last night?

M No, I _____ a mountain with my brother yesterday.

•• **tired** 피곤한 **go to bed** 자다 **climb** (산에) 오르다

13 대화를 듣고, 남자가 지금 하고 있는 일로 알맞은 것을 고르세요.

W _____ are you _____?

M I'm _____.

W What are you cooking?

M Some _____ _____.

W It looks good. _____ _____ have some?

M Sure.

•• **fried rice** 볶음밥

14 대화를 듣고, 여자가 오늘 할 일로 알맞은 것을 고르세요.

M I am going to the _____ _____ today. Do you want to go?

W No, I am _____ _____ with my mom.

M Well, then let's go _____ the _____ _____.

15 대화를 듣고, 남자의 마지막 말에 이어질 여자의 말로 알맞은 것을 고르세요.

M Hi, Jenny. Am I late?

W No, but we _____ _____ _____.

M When does the _____ _____?

W <u>It starts in five minutes.</u>

•• **have to** ~해야 하다 **hurry** 서두르다

48

REVIEW TEST

정답 및 해석 p. 22

A 다음을 듣고, 어휘와 우리말 뜻을 쓰세요.

1. _____ _____
2. _____ _____
3. _____ _____
4. _____ _____
5. _____ _____
6. _____ _____
7. _____ _____
8. _____ _____
9. _____ _____
10. _____ _____

B 우리말을 참고하여 빈칸에 알맞은 단어를 쓰세요.

1. She had a _____ _____.
   그녀는 심한 감기에 걸렸다.

2. I'm _____ _____ today.
   저는 오늘 정말로 피곤해요.

3. When _____ the _____ _____?
   콘서트가 언제 시작하지?

4. I _____ a _____ with my brother yesterday.
   저는 어제 남동생과 함께 등산을 했어요.

5. We _____ _____ _____.
   우리는 서둘러야 해.

6. Why don't you _____ _____ _____?
   좀 쉬는 게 어때요?

7. Did you _____ _____ _____ _____ last night?
   당신은 어젯밤에 늦게 잤나요?

TEST 07   49

TEST 08

MY SCORE _____ / 15

01 다음 두 번 들려주는 단어를 듣고, 알맞은 단어를 고르세요.

① fine
② vine
③ pine
④ find

02 다음을 듣고, 빈칸에 알맞은 것을 고르세요.

> Jane lives in a _____ apartment.

① smell
② smile
③ small
④ smart

03 다음을 듣고, 그림과 일치하는 것을 고르세요.

① ② ③ ④

04 다음을 듣고, 그림과 일치하는 것을 고르세요.

① ② ③ ④

05 다음을 듣고, 그림과 일치하는 것을 고르세요.

① ② ③ ④

06 대화를 듣고, 남자가 언제부터 피아노를 치기 시작했는지 고르세요.

① 6년 전부터
② 6살 때부터
③ 16살 때부터
④ 60개월 전부터

07 대화를 듣고, 여자가 피자를 가지러 갈 시각을 고르세요.

① 3시
② 3시 30분
③ 4시
④ 4시 30분

08 다음을 듣고, 관계 있는 것을 고르세요.

① 학교
② 병원
③ 약국
④ 우체국

09 질문을 듣고, 가장 알맞은 대답을 고르세요.

① I was happy.
② You're right.
③ It was exciting.
④ It was very comfortable.

10 대화를 듣고, 두 사람의 관계로 알맞은 것을 고르세요.

① 은행원 - 고객
② 호텔 직원 - 투숙객
③ 식당 종업원 – 손님
④ 방송국 직원 – 가수

11 다음을 듣고, 두 사람의 대화가 어색한 것을 고르세요.

① ② ③ ④

12 대화를 듣고, 대화 내용과 일치하는 것을 고르세요.

① 여자는 겨울을 싫어한다.
② 여자는 스키를 좋아한다.
③ 남자는 모든 계절을 좋아한다.
④ 남자는 겨울 스포츠를 좋아한다.

13 대화를 듣고, 대화 내용과 일치하지 않는 것을 고르세요.

① 여자의 여동생은 감기에 걸렸다.
② 여자는 항상 여동생과 같이 학교에 간다.
③ 여자의 여동생은 집에서 쉬고 있다.
④ 여자는 오늘 여동생과 함께 학교에 지각했다.

14 대화를 듣고, 두 사람이 대화하는 장소로 가장 알맞은 곳을 고르세요.

① 식당
② 동물 병원
③ 동물원
④ 슈퍼마켓

15 대화를 듣고, 여자의 마지막 말에 이어질 남자의 말로 알맞은 것을 고르세요.

① She's reading a book.
② There are 15 dollars.
③ She is very busy.
④ She's a news reporter.

DICTATION 08

01 다음 두 번 들려주는 단어를 듣고, 알맞은 단어를 고르세요.

_____ _____

fine 좋은

02 다음을 듣고, 빈칸에 알맞은 것을 고르세요.

Jane _____ _____ a small apartment.

apartment 아파트

03 다음을 듣고, 그림과 일치하는 것을 고르세요.

① The man is _____ the _____.
② The man is _____ the window.
③ The man is _____ the window.
④ The man is _____ the window.

window 창문   close 닫다

04 다음을 듣고, 그림과 일치하는 것을 고르세요.

① The girl has a _____.
② The girl has an _____.
③ The girl has _____ hair.
④ The girl has a _____ _____.

blond (머리가) 금발인   soccer ball 축구공

05 다음을 듣고, 그림과 일치하는 것을 고르세요.

① The man is _____ a _____.
② The woman is wearing a _____ _____.
③ The man is wearing _____.
④ The woman is wearing _____.

tie 넥타이   glasses 안경   pants 바지

06 대화를 듣고, 남자가 언제부터 피아노를 치기 시작했는지 고르세요.

W What are your _____?
M I like to play the piano _____ _____ _____ _____.
W Wow! _____ did you _____ _____ the piano?
M I started playing the piano when I was _____ _____ _____.

free time 여가 시간

07 대화를 듣고, 여자가 피자를 가지러 갈 시각을 고르세요.

W Hello. I _____ _____ _____ order a vegetable pizza.
M Sure. What size?
W _____, please. It is 3 o'clock now. Will it be _____ _____ 30 minutes?
M Yes.
W Good. I'll _____ _____ _____ in 30 minutes.

•• would like to ~하고 싶다   vegetable 채소   large 큰
within ~이내로   pick up ~을 찾아오다

08 다음을 듣고, 관계 있는 것을 고르세요.

_____ _____ here.

09 질문을 듣고, 가장 알맞은 대답을 고르세요.

What do you _____ _____ the _____?

10 대화를 듣고, 두 사람의 관계로 알맞은 것을 고르세요.

M Excuse me. May I get a _____ on my _____?
W Sure.
M Can I have some water, too?
W Yes, I'll be _____ _____.

•• refill 리필(다시 채운 것)   right 곧바로, 즉시

11 다음을 듣고, 두 사람의 대화가 어색한 것을 고르세요.

① M Wow, it's really _____ today.
   W Let's _____ _____ today.
② W What's your _____?
   M My hobby is playing _____ _____.
③ M _____ do you _____?
   W I want to live in Busan.
④ W Do you want to _____ _____?
   M Yes, let's go to _____ _____.

•• stay 계속 있다, 머무르다   park 공원

DICTATION 08

12 대화를 듣고, 대화 내용과 일치하는 것을 고르세요.

M Which season do you like?
W I like _____ _____. What about you?
M I like winter. Because I like _____ _____ like skiing, skating, and _____.

skiing 스키 (타기) **skating** 스케이트 (타기) **snowboarding** 스노보드 (타기)

13 대화를 듣고, 대화 내용과 일치하지 않는 것을 고르세요.

M Where is your sister? You always _____ _____ _____ with her.
W She has a _____. So she is staying home today.
M _____ _____ _____.

always 항상, 언제나 **have a cold** 감기에 걸리다

14 대화를 듣고, 두 사람이 대화하는 장소로 가장 알맞은 곳을 고르세요.

M Mom, look at the _____ over there.
W Oh, they're very cute!
M Can I _____ them _____ _____?
W Of course. Let's buy some _____.

sheep 양 **over there** 저쪽에

15 대화를 듣고, 여자의 마지막 말에 이어질 남자의 말로 알맞은 것을 고르세요.

W Who's that _____ _____?
M She's _____ _____.
W Wow! She's _____. What _____ _____ _____?
M She's a news reporter.

aunt 이모, 고모 **beautiful** 아름다운 **reporter** 기자, 리포터

# REVIEW TEST

정답 및 해석 p.26

A 다음을 듣고, 어휘와 우리말 뜻을 쓰세요.

1. _____ _____
2. _____ _____
3. _____ _____
4. _____ _____
5. _____ _____
6. _____ _____
7. _____ _____
8. _____ _____
9. _____ _____
10. _____ _____

B 우리말을 참고하여 빈칸에 알맞은 단어를 쓰세요.

1. She's a _____ _____.
   그녀는 뉴스 기자이다.

2. Let's _____ _____ today.
   우리 오늘은 집에 있자.

3. The man is _____ _____.
   남자는 안경을 쓰고 있다.

4. I would like to _____ a _____ _____.
   저는 채소 피자를 주문하고 싶어요.

5. The man is _____ _____ _____.
   남자가 창문을 닫고 있다.

6. May I get a(n) _____ _____ my _____?
   음료수 리필 좀 할 수 있을까요?

7. I like to _____ the piano in my _____ _____.
   저는 여가 시간에 피아노를 치는 것을 좋아해요.

TEST 08 55

TEST 09

MY SCORE ____ / 15

01 다음 두 번 들려주는 단어를 듣고, 알맞은 단어를 고르세요.

① pour
② full
③ fool
④ pool

02 다음을 듣고, 빈칸에 알맞은 것을 고르세요.

This one is _____.

① better
② bitter
③ batter
④ butter

03 다음을 듣고, 그림과 일치하는 것을 고르세요.

① ② ③ ④

04 다음을 듣고, 그림과 일치하는 것을 고르세요.

① ② ③ ④

05 다음을 듣고, 그림과 일치하는 것을 고르세요.

① ② ③ ④

06 대화를 듣고, 남자가 필요한 돈의 액수를 고르세요.

① 10센트
② 25센트
③ 50센트
④ 1달러

07 대화를 듣고, 여자가 시청하고 싶어 하는 것이 무엇인지 고르세요.

① 뉴스
② 채널 6
③ 만화 영화
④ 드라마

08 다음을 듣고, 관계 있는 것을 고르세요.

① 식당
② 스포츠
③ 가수
④ 영화배우

09 질문을 듣고, 가장 알맞은 대답을 고르세요.

① I'm sad.
② It's up to you.
③ So am I.
④ I'm waiting for you.

10 대화를 듣고, 두 사람의 관계로 알맞은 것을 고르세요.

① 의사 – 환자
② 엄마 – 아들
③ 선생님 – 학생
④ TV 쇼 진행자 – 방청객

11 다음을 듣고, 두 사람의 대화가 <u>어색한</u> 것을 고르세요.

① ② ③ ④

12 다음을 듣고, 내용과 일치하는 것을 고르세요.

① Sam은 Mina의 생일 파티에 초대받았다.
② Mina의 생일 파티는 토요일에 열린다.
③ Sam은 생일 파티에 가고 싶어 하지 않는다.
④ Sam은 토요일에 조부모님 댁에 방문하기로 했다.

13 대화를 듣고, 여자에 대한 남자의 심정으로 알맞은 것을 고르세요.

① 미워함
② 고마워함
③ 좋아함
④ 귀찮아함

14 대화를 듣고, 소풍을 취소해야 하는 이유를 고르세요.

① 남자가 가기 싫어해서
② 비가 많이 와서
③ 바람이 많이 불어서
④ 남자가 아파서

15 대화를 듣고, 여자의 마지막 말에 이어질 남자의 말로 알맞은 것을 고르세요.

① Yes, he did.
② He is playing soccer now.
③ He's wearing glasses.
④ He likes to wear a cap.

DICTATION 09

01 다음 두 번 들려주는 단어를 듣고, 알맞은 단어를 고르세요.

_____ _____

• •
pool 물 웅덩이; 수영장

02 다음을 듣고, 빈칸에 알맞은 것을 고르세요.

This one is _____.

• •
better 더 좋은[나은]

03 다음을 듣고, 그림과 일치하는 것을 고르세요.

① The man is a _____.
② The man is a _____.
③ The man is a _____.
④ The man is a _____.

• •
soldier 군인   fisherman 어부   farmer 농부
firefighter 소방관

04 다음을 듣고, 그림과 일치하는 것을 고르세요.

① The man is _____ on the _____.
② The man is _____ on the bench.
③ The man is _____ on the bench.
④ The man is _____ _____ _____ on the bench.

• •
bench 벤치, 긴 의자   spread 깔다, 펼치다   newspaper 신문

05 다음을 듣고, 그림과 일치하는 것을 고르세요.

① The woman is _____ _____ _____.
② The woman is _____ _____ the phone.
③ The woman is _____ a phone.
④ The woman is _____ the phone.

• •
phone 전화기   sell 팔다   wipe 닦다

06 대화를 듣고, 남자가 필요한 돈의 액수를 고르세요.

M Do you have _____ _____?
W How much do you need?
M _____ _____.

• •
coin 동전   quarter 25센트

07 대화를 듣고, 여자가 시청하고 싶어 하는 것이 무엇인지 고르세요.

W _____ are you _____?

M Channel 6 news. Why?

W I want to _____ a _____. It is on channel 9.

M Okay.

• • cartoon 만화; 만화 영화

08 다음을 듣고, 관계 있는 것을 고르세요.

He is a _____ _____.

• • famous 유명한 cook 요리사

09 질문을 듣고, 가장 알맞은 대답을 고르세요.

I'm very _____ _____ _____ you.

10 대화를 듣고, 두 사람의 관계로 알맞은 것을 고르세요.

W Andy, it's _____ _____ _____. It's 10 now.

M But I haven't _____ _____ the TV show!

W I know, but you _____ _____ go to school tomorrow morning.

11 다음을 듣고, 두 사람의 대화가 어색한 것을 고르세요.

① W I'm so hungry.
  M _____ _____ some fried chicken.

② W What are you going to do this afternoon?
  M I'm going to _____ _____ _____ with my friend.

③ M Is it cold today?
  W I _____ _____ _____.

④ M This is _____ _____!
  W He is very nice.

• • fried chicken 프라이드 치킨 ride (자전거·오토바이 등을) 타다

DICTATION 09

12 다음을 듣고, 내용과 일치하는 것을 고르세요.

Mina _____ Sam to her _____ _____. It is on Sunday. Sam really _____ _____ go to the party, but he can't. He has to _____ _____ _____ on that day.

invite 초대하다 **visit** 방문하다 **grandparents** 조부모

13 대화를 듣고, 여자에 대한 남자의 심정으로 알맞은 것을 고르세요.

M Thank you _____ _____ me with my _____.
W It's no problem. I had _____ _____ _____ today.
M If you need any help, please _____ _____ _____.

nothing 아무것도 ~없음 **help** 도움

14 대화를 듣고, 소풍을 취소해야 하는 이유를 고르세요.

M We have to _____ our _____ tomorrow.
W Why? I was so _____.
M It is _____ going to _____, but it will be very _____.

cancel 취소하다 **picnic** 소풍 **excited** 들뜬, 흥분한 **windy** 바람이 많이 부는

15 대화를 듣고, 여자의 마지막 말에 이어질 남자의 말로 알맞은 것을 고르세요.

W _____ does Joshua _____ _____?
M He is _____ and has _____ hair.
W What is he wearing?
M He's wearing glasses.

tall 키가 큰 **cap** 모자

REVIEW TEST

정답 및 해석 p.30

A 다음을 듣고, 어휘와 우리말 뜻을 쓰세요.

1. _____ _____
2. _____ _____
3. _____ _____
4. _____ _____
5. _____ _____
6. _____ _____
7. _____ _____
8. _____ _____
9. _____ _____
10. _____ _____

B 우리말을 참고하여 빈칸에 알맞은 단어를 쓰세요.

1. The woman is _____ _____ the phone.
   여자는 전화 통화를 하고 있다.

2. I had _____ _____ _____ today.
   나는 오늘 할 일이 없었어.

3. Mina _____ Sam to her _____ _____.
   Mina는 Sam을 자신의 생일 파티에 초대했다.

4. He has to _____ _____ _____ on that day.
   그는 그날 조부모님을 방문해야 한다.

5. I am going to _____ _____ _____ with my friend.
   나는 친구와 자전거를 탈 거야.

6. The man is _____ _____ _____ _____.
   남자가 벤치 위에서 자고 있다.

7. We have to _____ _____ _____ tomorrow.
   우리는 내일 소풍 가는 거 취소해야 해.

TEST 09   61

TEST 10

01 다음 두 번 들려주는 단어를 듣고, 알맞은 단어를 고르세요.

① sick
② thick
③ kick
④ trick

02 다음을 듣고, 빈칸에 알맞은 것을 고르세요.

There is a _____ in the bathroom.

① clerk
② click
③ clock
④ clip

03 다음을 듣고, 그림과 일치하는 것을 고르세요.

① ② ③ ④

04 다음을 듣고, 그림과 일치하는 것을 고르세요.

① ② ③ ④

05 다음을 듣고, 그림과 일치하는 것을 고르세요.

① ② ③ ④

06 대화를 듣고, 여자가 가리키는 표지판으로 알맞은 것을 고르세요.

① 　②

③ 　④

07 대화를 듣고, 두 사람이 구입할 우산의 가격을 고르세요.

① $13　② $15
③ $30　④ $50

08 다음을 듣고, 관계 있는 것을 고르세요.

① 슈퍼마켓
② 병원
③ 호텔
④ 박물관

09 질문을 듣고, 가장 알맞은 대답을 고르세요.

① You are right.
② Talk to me tomorrow.
③ Sure. Why not?
④ Don't worry about it.

10 대화를 듣고, 두 사람의 관계로 알맞은 것을 고르세요.

① 빵 가게 주인 – 손님
② 세관원 – 탑승객
③ 관광 가이드 – 여행객
④ 항공사 직원 – 탑승객

11 다음을 듣고, 두 사람의 대화가 어색한 것을 고르세요.

① ② ③ ④

12 대화를 듣고, 대화 내용과 일치하는 것을 고르세요.

① Peter는 뉴욕에서 왔다.
② Jennifer는 프랑스 파리에서 왔다.
③ Peter와 Jennifer는 처음 만났다.
④ Jennifer는 프랑스 파리로 여행을 갈 것이다.

13 대화를 듣고, 두 사람이 가기로 한 곳을 고르세요.

① 수영장
② 치과
③ 공원
④ 영화관

14 다음을 듣고, 내용과 일치하지 않는 것을 고르세요.

① 남자의 형과 Mike는 처음 만났다.
② 남자의 형 이름은 Chris이다.
③ 남자의 형은 고등학생이다.
④ 남자의 형과 Mike는 다른 학교에 다닌다.

15 대화를 듣고, 남자의 마지막 말에 이어질 여자의 말로 알맞은 것을 고르세요.

① I have no time.
② It's five o'clock.
③ Four times a week.
④ All right. Let's go to my house.

TEST 10   63

DICTATION 10

01 다음 두 번 들려주는 단어를 듣고, 알맞은 단어를 고르세요.

_____ _____

•• thick 두꺼운

02 다음을 듣고, 빈칸에 알맞은 것을 고르세요.

There is a _____ in the _____.

•• clock 시계

03 다음을 듣고, 그림과 일치하는 것을 고르세요.

① The man is _____.
② The man is _____.
③ The man is _____.
④ The man is _____.

•• write 쓰다 run 달리다

04 다음을 듣고, 그림과 일치하는 것을 고르세요.

① There are two _____ in the _____.
② There are _____ _____ in the refrigerator.
③ There are _____ _____ in the refrigerator.
④ There are _____ _____ in the refrigerator.

•• refrigerator 냉장고 watermelon 수박 strawberry 딸기

05 다음을 듣고, 그림과 일치하는 것을 고르세요.

① The girl is _____ the dog's _____.
② The girl is _____ the dog in the bathroom.
③ The girl is _____ the dog in the kitchen.
④ The girl is _____ the dog's hair.

•• hold 잡고 있다 leash (개 등을 매어 두는) 줄, 끈 feed 먹이를 주다

06 대화를 듣고, 여자가 가리키는 표지판으로 알맞은 것을 고르세요.

W Look at this. You _____ _____ in this building.
M Oh, I'm sorry. I didn't _____ _____ _____.

•• smoke 담배를 피우다 building 건물 sign 표지판, 간판

07 대화를 듣고, 두 사람이 구입할 우산의 가격을 고르세요.

M Let's buy that big _____.

W How much is it?

M It's _____ dollars.

W It's _____. Then let's get this one. It's _____ _____ _____.

M Okay.

•• expensive 비싼 half 절반 price 가격

08 다음을 듣고, 관계 있는 것을 고르세요.

I have _____ _____.

•• stomachache 복통

09 질문을 듣고, 가장 알맞은 대답을 고르세요.

_____ _____ see you _____ night?

10 대화를 듣고, 두 사람의 관계로 알맞은 것을 고르세요.

W Would you like a window or _____ _____?

M I want an aisle seat.

W All right. Here are your _____ and _____ _____.

•• passport 여권 boarding pass 탑승권

11 다음을 듣고, 두 사람의 대화가 <u>어색한</u> 것을 고르세요.

① W What time is it now?
　 M It's 5:_____.

② M I don't like _____ _____.
　 W I like it, too.

③ W What do you do _____ _____?
　 M I play tennis with my dad.

④ M I am so _____ now.
　 W Why don't you _____ _____ _____?

•• rainy 비가 오는 take a nap 낮잠을 자다

TEST 10 65

DICTATION 10

12 대화를 듣고, 대화 내용과 일치하는 것을 고르세요.

M Hello. _____ _____ _____ _____. I'm Peter.

W Nice to meet you, too. My name is Jennifer. I'm from New York. _____ are you _____?

M I'm from Paris, _____.

W Oh, really? Please _____ _____ about Paris.

• •
Paris 파리(프랑스의 수도) **France** 프랑스

13 대화를 듣고, 두 사람이 가기로 한 곳을 고르세요.

M Do you want to go to the swimming pool?

W Yes, _____ _____ _____ go. Can we go after 5 p.m.? I have to go to _____ _____.

M Sure. I'll wait for you.

• •
dentist 치과; 치과 의사

14 다음을 듣고, 내용과 일치하지 <u>않는</u> 것을 고르세요.

Hi, Mike. I want to _____ my brother. This is my _____ _____ Chris. He goes to the _____ high school _____ you.

• •
introduce 소개하다 **older** 나이가 더 많은 **same** 같은

15 대화를 듣고, 남자의 마지막 말에 이어질 여자의 말로 알맞은 것을 고르세요.

M What do you do after work?

W I go to the _____ to _____ _____.

M _____ _____ do you work out?

W <u>Four times a week.</u>

• •
gym 체육관 **work out** 운동하다 **how often** 몇 번

REVIEW TEST

정답 및 해석 p. 34

A 다음을 듣고, 어휘와 우리말 뜻을 쓰세요.

1. _____ _____
2. _____ _____
3. _____ _____
4. _____ _____
5. _____ _____
6. _____ _____
7. _____ _____
8. _____ _____
9. _____ _____
10. _____ _____

B 우리말을 참고하여 빈칸에 알맞은 단어를 쓰세요.

1. I have _____ _____.
   저는 배가 아파요.

2. You can't _____ in this _____.
   당신은 이 건물에서 담배를 피울 수 없어요.

3. The girl is _____ the dog in the _____.
   여자아이가 주방에서 개에게 먹이를 주고 있다.

4. Why don't you _____ _____ _____?
   낮잠을 좀 자는 게 어때?

5. There are _____ _____ in the _____.
   냉장고 안에 딸기 다섯 개가 있다.

6. I go to the _____ to _____ _____.
   나는 운동하러 체육관에 간다.

7. Here are your _____ and _____ _____.
   당신의 여권과 탑승권이 여기 있습니다.

TEST 10 67

TEST 11

MY SCORE _____ / 15

01 다음 두 번 들려주는 단어를 듣고, 알맞은 단어를 고르세요.

① math
② mess
③ mass
④ match

02 다음을 듣고, 빈칸에 알맞은 것을 고르세요.

> I don't know how to cook _____ on the stove.

① wish
② ice
③ rich
④ rice

03 다음을 듣고, 그림과 일치하는 것을 고르세요.

①   ②   ③   ④

04 다음을 듣고, 그림과 일치하는 것을 고르세요.

①   ②   ③   ④

05 다음을 듣고, 그림과 일치하는 것을 고르세요.

①   ②   ③   ④

06 대화를 듣고, 여자가 집에 갈 시각을 고르세요.

① 5시   ② 5시 10분
③ 6시 10분   ④ 10시

07 대화를 듣고, 남자가 지불해야 할 금액을 고르세요.

① $5   ② $10
③ $15   ④ $20

08 다음을 듣고, 관계 있는 것을 고르세요.

① zoo
② park
③ subway
④ house

09 질문을 듣고, 가장 알맞은 대답을 고르세요.

① I like to swim.
② You look great.
③ She looks like a movie star.
④ He should go on a diet.

10 대화를 듣고, 두 사람의 관계로 알맞은 것을 고르세요.

① 약사 - 고객
② 우체국 직원 - 고객
③ 교사 - 학부모
④ 승무원 - 승객

11 다음을 듣고, 두 사람의 대화가 <u>어색한</u> 것을 고르세요.

① ② ③ ④

12 대화를 듣고, 대화 내용과 일치하지 <u>않는</u> 것을 고르세요.

① 엄마는 거실에 있다.
② 아빠는 주방에 있다.
③ 엄마는 책을 읽고 있다.
④ 아빠는 설거지를 하고 있다.

13 대화를 듣고, 대화 내용과 일치하는 것을 고르세요.

① Bill은 전화를 받을 수 없다.
② 남자는 여자에게 메시지를 남겼다.
③ Bill은 외출했다.
④ 여자는 남자에게 다시 전화할 것이다.

14 대화를 듣고, 남자가 걱정하는 것이 무엇인지 고르세요.

① 개가 아프다.
② 아버지의 건강이 좋지 않다.
③ 친구와의 사이가 멀어졌다.
④ 개가 너무 늙고 힘이 없다.

15 대화를 듣고, 여자의 마지막 말에 이어질 남자의 말로 알맞은 것을 고르세요.

① Not really.
② Sounds good.
③ How are you?
④ It is clean.

01 다음 두 번 들려주는 단어를 듣고, 알맞은 단어를 고르세요.

_____ _____

math 수학

02 다음을 듣고, 빈칸에 알맞은 것을 고르세요.

I don't know how to cook _____ on the _____.

rice 쌀   stove (가스) 레인지

03 다음을 듣고, 그림과 일치하는 것을 고르세요.

① It's a _____.
② It's a _____.
③ It's a _____.
④ It's a _____.

ladybug 무당벌레   dragonfly 잠자리   caterpillar 애벌레

04 다음을 듣고, 그림과 일치하는 것을 고르세요.

① The boy is _____ _____ _____.
② The boy is _____ a watermelon.
③ The boy is _____ a watermelon.
④ The boy is _____ a watermelon.

draw 그리다

05 다음을 듣고, 그림과 일치하는 것을 고르세요.

① The woman is _____ a bicycle.
② The woman is _____ a bag.
③ The woman is _____ a chair.
④ The woman is _____ a bag with _____ _____.

bicycle 자전거   move 옮기다

06 대화를 듣고, 여자가 집에 갈 시각을 고르세요.

M What time are you _____ _____ today?
W It's 5 o'clock now. I will go home _____ _____ _____.
M Do you want _____ _____?
W Yes, please. Thank you.

ride (차에) 태워 주기

07 대화를 듣고, 남자가 지불해야 할 금액을 고르세요.

M I want to buy two _____ _____ Busan.
W Two _____?
M No, my _____ is ten years old.
W _____ dollars for an adult and _____ dollars _____ _____ _____.
M Here is the money.

• •
adult 성인, 어른

08 다음을 듣고, 관계 있는 것을 고르세요.

I can see _____ _____ here.

• •
animal 동물

09 질문을 듣고, 가장 알맞은 대답을 고르세요.

How _____ _____ _____?

10 대화를 듣고, 두 사람의 관계로 알맞은 것을 고르세요.

M I want to _____ this _____.
W Sorry, sir. We _____ _____ for the day.
M Well, I don't have _____ _____. I'll come back tomorrow.

• •
send 보내다   **closed** (업무가) 종료된, 문을 닫은   **choice** 선택
come back 돌아오다

11 다음을 듣고, 두 사람의 대화가 <u>어색한</u> 것을 고르세요.

① W Why _____ you late for school?
　 M Because I _____ _____ early.
② W _____ _____ do you go to the gym?
　 M Every day.
③ M _____ I _____ _____ Sally?
　 W Hold on, please.
④ M It is raining now.
　 W _____ an umbrella _____ _____.

• •
early 일찍   **hold on** (전화상에서 상대방에게) 기다려라

DICTATION 11

12 대화를 듣고, 대화 내용과 일치하지 <u>않는</u> 것을 고르세요.

M Where are Mom and Dad?
W _____ in the living room, and Dad's _____ _____ _____.
M What are they doing?
W Mom's cleaning, and Dad's _____ _____ _____.

13 대화를 듣고, 대화 내용과 일치하는 것을 고르세요.

W Hello?
M Hello. _____ Bill _____?
W I'm sorry, but Bill is _____ _____ _____. Is there a _____?
M No, that's fine. I'll _____ _____ _____.

•• **message** 메시지 **call back** 다시 전화하다

14 대화를 듣고, 남자가 걱정하는 것이 무엇인지 고르세요.

W Are you okay?
M I'm _____ _____ my dog. He is very old and _____.
W Your dog is _____ _____. Don't worry so much.

•• **weak** 힘이 없는, 약한 **still** 아직, 여전히 **healthy** 건강한

15 대화를 듣고, 여자의 마지막 말에 이어질 남자의 말로 알맞은 것을 고르세요.

W Welcome home. _____ _____ _____?
M Sure, thanks. I'm really hungry. What _____ we _____?
W Spaghetti.
M <u>Sounds good.</u>

REVIEW TEST

정답 및 해석 p. 38

A 다음을 듣고, 어휘와 우리말 뜻을 쓰세요.

1. _____ _____
2. _____ _____
3. _____ _____
4. _____ _____
5. _____ _____
6. _____ _____
7. _____ _____
8. _____ _____
9. _____ _____
10. _____ _____

B 우리말을 참고하여 빈칸에 알맞은 단어를 쓰세요.

1. I'll _____ _____ tomorrow.
   내일 다시 올게요.

2. He is very _____ and _____.
   그는 너무 늙고 힘이 없다.

3. I'll _____ _____ _____.
   제가 나중에 다시 전화할게요.

4. Bill is _____ _____ _____.
   Bill은 아파서 누워 있다.

5. _____ _____ _____ with you.
   우산을 챙겨 가세요.

6. _____ _____ do you go to the _____?
   너는 체육관에 얼마나 자주 가니?

7. I don't know how to _____ _____ on the _____.
   나는 가스레인지에 밥을 짓는 방법을 모른다.

TEST 11   73

TEST 12

MY SCORE _____ / 15

01 다음 두 번 들려주는 단어를 듣고, 알맞은 단어를 고르세요.

① sheep
② ship
③ chief
④ thief

02 다음을 듣고, 빈칸에 알맞은 것을 고르세요.

He took a _____.

① bath
② base
③ boss
④ bed

03 다음을 듣고, 그림과 일치하는 것을 고르세요.

① ② ③ ④

04 다음을 듣고, 그림과 일치하는 것을 고르세요.

① ② ③ ④

05 다음을 듣고, 그림과 일치하는 것을 고르세요.

① ② ③ ④

06 대화를 듣고, 여자가 현장 학습을 가는 날짜를 고르세요.

① 5월 9일   ② 5월 10일
③ 5월 11일 ④ 6월 10일

07 대화를 듣고, 남자가 여자에게 준 거스름돈이 얼마인지 고르세요.

① $2   ② $8
③ $10   ④ $12

74

08 다음을 듣고, 관계 있는 것을 고르세요.

① 컴퓨터 게임
② 인터넷
③ 공부
④ 학교

09 질문을 듣고, 가장 알맞은 대답을 고르세요.

① That's okay.
② My brother is tall.
③ Yes, I have a girlfriend now.
④ Oh, not much. How about you?

10 대화를 듣고, 두 사람의 관계로 알맞은 것을 고르세요.

① 택배 직원 - 고객
② 우체부 - 집주인
③ 식당 주인 - 손님
④ 카페 주인 - 종업원

11 다음을 듣고, 두 사람의 대화가 어색한 것을 고르세요.

① ② ③ ④

12 대화를 듣고, 대화 내용과 일치하지 않는 것을 고르세요.

① 여자는 지난 주말에 해변에 갔다.
② 해변에서의 날씨는 나빴다.
③ 토요일 해변의 날씨는 비가 왔다.
④ 일요일 해변의 날씨는 비가 왔다.

13 대화를 듣고, 남자의 심정으로 알맞은 것을 고르세요.

① 당황함
② 안도감
③ 미안함
④ 실망스러움

14 대화를 듣고, 남자에 관한 내용으로 일치하는 것을 고르세요.

① TV를 보지 않는다.
② 식사 후에 TV를 본다.
③ TV를 보고 나서 숙제를 한다.
④ 숙제를 끝내야만 TV를 본다.

15 대화를 듣고, 여자의 마지막 말에 이어질 남자의 말로 알맞은 것을 고르세요.

① Oh, I'm full.
② Thanks a lot.
③ Not this time.
④ No problem.

01 다음 두 번 들려주는 단어를 듣고, 알맞은 단어를 고르세요.

_____ _____

•• thief 도둑

02 다음을 듣고, 빈칸에 알맞은 것을 고르세요.

He _____ _____ _____.

•• bath 목욕

03 다음을 듣고, 그림과 일치하는 것을 고르세요.

① The dog is _____.
② The dog is _____.
③ The dog is _____.
④ The dog is _____.

•• clean 깨끗한 dirty 더러운 energetic 활동적인

04 다음을 듣고, 그림과 일치하는 것을 고르세요.

① The man _____ _____.
② The man looks _____.
③ The man looks _____.
④ The man looks _____.

•• surprised 놀란 serious 심각한, 진지한 satisfied 만족한

05 다음을 듣고, 그림과 일치하는 것을 고르세요.

① The _____ is _____.
② The _____ is reading.
③ The _____ is talking.
④ The _____ _____ is _____.

•• actor 배우 police officer 경찰관

06 대화를 듣고, 여자가 현장 학습을 가는 날짜를 고르세요.

M Sarah, are you going on a _____ _____ today?
W No, Dad. Today is _____ _____. The field trip is _____.

•• field trip 현장 학습

07 대화를 듣고, 남자가 여자에게 준 거스름돈이 얼마인지 고르세요.

M Here is _____ _____.
   Eight dollars, please.
W Here's _____ dollars.
M Here is your _____. Have a good day!

•• change 거스름돈, 잔돈

08 다음을 듣고, 관계 있는 것을 고르세요.

My sister _____ _____ _____.

•• online shopping 온라인 쇼핑

09 질문을 듣고, 가장 알맞은 대답을 고르세요.

What have you _____ _____ _____?

10 대화를 듣고, 두 사람의 관계로 알맞은 것을 고르세요.

M Good evening. How can I help you?
W Hi. I want to order two _____ _____ for delivery.
M Sorry. We _____ _____ them today. Do you want to _____ _____ to the store?

•• delivery 배달 come over to ~에 들르다 store 상점, 가게

11 다음을 듣고, 두 사람의 대화가 <u>어색한</u> 것을 고르세요.

① M What's wrong?
   W I have a _____.
② W What a nice day!
   M _____ time, _____ see!
③ M Where are you going?
   W I'm _____ to _____ _____.
④ W What do you want to _____ _____ _____?
   M I want to eat _____.

•• noodle 국수

DICTATION 12

12 대화를 듣고, 대화 내용과 일치하지 <u>않는</u> 것을 고르세요.

- M Where _____ _____ _____ last weekend?
- W I went to _____ _____.
- M How was the weather?
- W _____. It was _____ on Saturday, and it _____ on Sunday.

•• **went** go(가다)의 과거형 **terrible** 몹시 나쁜, 끔찍한

13 대화를 듣고, 남자의 심정으로 알맞은 것을 고르세요.

- W _____ did you come to school _____ today?
- M I got up late. What _____?
- W We had a _____ _____ this morning.
- M Oh no. I _____ _____ about the test.

•• **totally** 완전히, 전혀 **forgot** forget(잊어버리다)의 과거형

14 대화를 듣고, 남자에 관한 내용으로 일치하는 것을 고르세요.

- M Do you _____ TV _____?
- W I do, but only when all of my homework _____ _____.
- M I watch TV _____. Then, I _____ _____ _____.

•• **sometimes** 가끔, 때때로 **first** 맨 먼저, 우선

15 대화를 듣고, 여자의 마지막 말에 이어질 남자의 말로 알맞은 것을 고르세요.

- M Excuse me.
- W Yes. _____ _____ _____ _____ for you?
- M Where's the bank?
- W Go _____ one block, and you will see the bank _____ _____ _____.
- M Thanks a lot.

•• **straight** 곧장, 일직선으로 **block** (도로로 나뉘는) 구역, 블록

REVIEW TEST

정답 및 해석 p. 42

A 다음을 듣고, 어휘와 우리말 뜻을 쓰세요.

1. _____ _____
2. _____ _____
3. _____ _____
4. _____ _____
5. _____ _____
6. _____ _____
7. _____ _____
8. _____ _____
9. _____ _____
10. _____ _____

B 우리말을 참고하여 빈칸에 알맞은 단어를 쓰세요.

1. _____ is your _____.
   거스름돈 여기 있습니다.

2. The man _____ _____.
   남자는 심각해 보인다.

3. The _____ _____ is eating.
   경찰관이 음식을 먹고 있다.

4. The dog _____ _____.
   개는 활동적이다.

5. He _____ _____ _____.
   그는 목욕을 했다.

6. _____ _____, no _____!
   오랜만이야!

7. _____ have you been _____ _____?
   너는 어떻게 지냈니?

TEST 12 79

TEST 13

MY SCORE _____ / 15

01 다음 두 번 들려주는 단어를 듣고, 알맞은 단어를 고르세요.

① loose
② lose
③ rose
④ lease

02 다음을 듣고, 빈칸에 알맞은 것을 고르세요.

She appears to be _____.

① thinking
② thanking
③ sinking
④ singing

03 다음을 듣고, 그림과 일치하는 것을 고르세요.

① ② ③ ④

04 다음을 듣고, 그림과 일치하는 것을 고르세요.

① ② ③ ④

05 다음을 듣고, 그림과 일치하는 것을 고르세요.

① ② ③ ④

06 대화를 듣고, 두 사람이 대화하는 장소로 가장 알맞은 곳을 고르세요.

① in the library
② near the library
③ in the classroom
④ in the movie theater

07 대화를 듣고, 여자의 나이를 고르세요.

① 9살　　② 18살
③ 19살　　④ 20살

08 다음을 듣고, 관계 있는 것을 고르세요.

① student
② doctor
③ professor
④ librarian

09 질문을 듣고, 가장 알맞은 대답을 고르세요.

① That's good.
② I am late again.
③ No, I am not busy.
④ Sure. What's going on?

10 대화를 듣고, 두 사람의 관계로 알맞은 것을 고르세요.

① 비행기 조종사 - 승객
② 버스 운전기사 - 승객
③ 가게 점원 - 손님
④ 승객 - 승객

11 다음을 듣고, 두 사람의 대화가 <u>어색한</u> 것을 고르세요.

① ② ③ ④

12 대화를 듣고, 대화 내용과 일치하는 것을 고르세요.

① 여자는 6시 40분에 일어난다.
② 남자는 아침 일찍 일어난다.
③ 여자는 11시경에 잠을 잔다.
④ 남자는 11시에 잠을 잔다.

13 대화를 듣고, 여자에 관한 내용으로 일치하는 것을 고르세요.

① 일주일에 한 번 책을 읽는다.
② 소설책 읽는 것을 좋아한다.
③ 매일 도서관에 간다.
④ 작가가 되고 싶어 한다.

14 대화를 듣고, 남자가 좋아하는 것이 무엇인지 고르세요.

① 모든 종류의 영화
② 공포 영화
③ 공포 영화를 제외한 영화
④ 좋아하는 영화가 없음

15 대화를 듣고, 여자의 마지막 말에 이어질 남자의 말로 알맞은 것을 고르세요.

① It's five o'clock.
② It's Thursday.
③ It's sunny.
④ It's November 24.

01 다음 두 번 들려주는 단어를 듣고, 알맞은 단어를 고르세요.

_____ _____

•• lose 잃다

02 다음을 듣고, 빈칸에 알맞은 것을 고르세요.

She _____ to be _____.

•• appear ~처럼 보이다

03 다음을 듣고, 그림과 일치하는 것을 고르세요.

① The family is at the _____.
② The family is at the _____ _____.
③ The family is at the _____.
④ The family is at the _____.

•• library 도서관 post office 우체국 hospital 병원

04 다음을 듣고, 그림과 일치하는 것을 고르세요.

① It's an _____.
② It's an _____.
③ It's a _____.
④ It's a _____.

•• elephant 코끼리 ostrich 타조 wolf 늑대 turkey 칠면조

05 다음을 듣고, 그림과 일치하는 것을 고르세요.

① The boy is _____ a song.
② The boy is _____ a ball.
③ The boy is _____ a movie.
④ The boy is _____ the guitar.

06 대화를 듣고, 두 사람이 대화하는 장소로 가장 알맞은 곳을 고르세요.

W Excuse me. Where is the _____?
M Can you see that _____? It's _____.
W Thanks so much. You are _____.

•• inside 안에, 내부에

07 대화를 듣고, 여자의 나이를 고르세요.

W Hey! Today is _____ _____.

M How old are you?

W I'm _____ _____ old today.

M Happy birthday! Let me _____ _____ _____.

08 다음을 듣고, 관계 있는 것을 고르세요.

I _____ a lot of _____ every day.

• •
patient 환자

09 질문을 듣고, 가장 알맞은 대답을 고르세요.

Do you _____ _____?

10 대화를 듣고, 두 사람의 관계로 알맞은 것을 고르세요.

M What time are we _____ _____ L.A.?

W The _____ said in one _____.

M Thanks. It's a _____ _____. I'm really tired.

• •
get into ~에 도착하다   **pilot** 조종사   **trip** 여행

11 다음을 듣고, 두 사람의 대화가 <u>어색한</u> 것을 고르세요.

① W Can you _____ _____?
   M Sure. What is it?

② M Thank you for helping me today!
   W It's _____ _____.

③ M How do you _____ _____ school?
   W _____ _____ a week.

④ W How was your weekend?
   M It _____ _____.

• •
pleasure 기쁨, 즐거움

DICTATION 13

12 대화를 듣고, 대화 내용과 일치하는 것을 고르세요.

M What time do you get up?
W I get up _____ 6:_____.
M Wow, you get up early! When do you _____ _____ _____?
W I _____ go to bed _____ _____ o'clock.

• **usually** 보통, 대개

13 대화를 듣고, 여자에 관한 내용으로 일치하는 것을 고르세요.

W Do you _____ _____ every day?
M No, I read only _____ _____ _____. What about you?
W I read books every day. I like _____ _____.

• **once** 한 번

14 대화를 듣고, 남자가 좋아하는 것이 무엇인지 고르세요.

W Do you like movies?
M Yes, I do. But I don't like _____ _____.
W Why is that?
M I am _____ _____.

• **scary** 무서운   **easily** 쉽게, 잘   **frightened** 깜짝 놀란, 겁먹은

15 대화를 듣고, 여자의 마지막 말에 이어질 남자의 말로 알맞은 것을 고르세요.

W _____ _____ is it today?
M It's Friday.
W What is _____ _____ today?
M It's November 24.

REVIEW TEST

정답 및 해석 p. 46

A 다음을 듣고, 어휘와 우리말 뜻을 쓰세요.

1. _____ _____
2. _____ _____
3. _____ _____
4. _____ _____
5. _____ _____
6. _____ _____
7. _____ _____
8. _____ _____
9. _____ _____
10. _____ _____

B 우리말을 참고하여 빈칸에 알맞은 단어를 쓰세요.

1. What is _____ _____ today?
   오늘이 며칠이지?

2. She _____ _____ be thinking.
   그녀는 생각하고 있는 것처럼 보인다.

3. The family is at the _____ _____.
   가족은 우체국에 있다.

4. I see a _____ of _____ every day.
   저는 매일 많은 환자들을 진료합니다.

5. The boy is _____ _____ _____.
   남자아이는 영화를 보고 있다.

6. I _____ go to _____ _____ 11 o'clock.
   나는 보통 11시쯤에 자.

7. _____ _____ do you _____ _____?
   너는 몇 시에 일어나니?

TEST 13   85

TEST 14

MY SCORE _____ / 15

01 다음 두 번 들려주는 단어를 듣고, 알맞은 단어를 고르세요.

① cheap
② sheep
③ tip
④ zip

02 다음을 듣고, 빈칸에 알맞은 것을 고르세요.

Many people have _____.

① bats
② peaks
③ pets
④ pots

03 다음을 듣고, 그림과 일치하는 것을 고르세요.

① ② ③ ④

04 다음을 듣고, 그림과 일치하는 것을 고르세요.

① ② ③ ④

05 다음을 듣고, 그림과 일치하는 것을 고르세요.

① ② ③ ④

06 대화를 듣고, 남자가 지불해야 할 금액을 고르세요.

① $12   ② $14
③ $20   ④ $26

07 대화를 듣고, 여자가 떠나 있을 기간을 고르세요.

① 2주   ② 3주
③ 2개월   ④ 3개월

08 다음을 듣고, 관계 있는 것을 고르세요.

① bookstore
② library
③ classroom
④ department store

09 질문을 듣고, 가장 알맞은 대답을 고르세요.

① You're welcome.
② Yes, I love coffee.
③ This cake is delicious.
④ No, thanks. I don't like it.

10 대화를 듣고, 두 사람의 관계로 알맞은 것을 고르세요.

① 식당 종업원 - 손님
② 남자친구 - 여자친구
③ 요리사 - 손님
④ 식당 주인 - 식당 종업원

11 다음을 듣고, 두 사람의 대화가 어색한 것을 고르세요.

① ② ③ ④

12 대화를 듣고, 대화 내용과 일치하지 않는 것을 고르세요.

① 두 사람은 사진을 보고 있다.
② 사진 속의 할아버지는 27세이다.
③ 할아버지는 현재 72세이다.
④ 사진은 최근에 찍은 것이다.

13 다음을 듣고, 내용과 일치하지 않는 것을 고르세요.

① Sam은 서울에 살고 있다.
② Sam은 여동생보다 두 살이 많다.
③ Sam의 여동생은 일곱 살이다.
④ Sam은 여동생과 밖에서 노는 것을 좋아한다.

14 대화를 듣고, 두 사람이 대화하는 장소로 가장 알맞은 곳을 고르세요.

① 휴대폰 가게
② 옷 가게
③ 신발 가게
④ 꽃가게

15 대화를 듣고, 남자의 마지막 말에 이어질 여자의 말로 알맞은 것을 고르세요.

① It's sunny.
② That's fine.
③ It's seven dollars.
④ It's a quarter to five.

DICTATION 14

01 다음 두 번 들려주는 단어를 듣고, 알맞은 단어를 고르세요.

_____   _____

•• cheap (값이) 싼

02 다음을 듣고, 빈칸에 알맞은 것을 고르세요.

Many people _____ _____.

03 다음을 듣고, 그림과 일치하는 것을 고르세요.

① The boy is _____ his _____.
② The boy is _____ the clock.
③ The boy is _____ a box.
④ The boy is _____ _____ his watch.

•• cross one's arms 팔짱을 끼다   carry 나르다, 운반하다
watch (손목)시계

04 다음을 듣고, 그림과 일치하는 것을 고르세요.

① The woman is _____ in the sea.
② The woman is _____ the dog.
③ The woman is _____ paper.
④ The woman is _____ with the cat.

•• fish 낚시하다   sea 바다   fold (종이나 천을) 접다

05 다음을 듣고, 그림과 일치하는 것을 고르세요.

① The baby is _____ his month.
② The baby is _____ his nose.
③ The baby is _____ his ear.
④ The baby is _____ his _____.

•• touch 만지다   bend 구부리다   knee 무릎

06 대화를 듣고, 남자가 지불해야 할 금액을 고르세요.

M How much is this _____ _____?
W It's _____ dollars.
M How about this white ball?
W It's _____ dollars.
M I'll buy this _____ _____.

•• orange 주황색의   white 흰색의

07 대화를 듣고, 여자가 떠나 있을 기간을 고르세요.

M Why do you have three bags?
W I'm going away _____ _____ _____.
M Really? I _____ you would leave for _____ _____.
W No, I will be away for a long time.

go away (장소를) 떠나다   **leave** 떠나다
for a long time 오랫동안

08 다음을 듣고, 관계 있는 것을 고르세요.

You can _____ here and _____ some books.

09 질문을 듣고, 가장 알맞은 대답을 고르세요.

Would you _____ _____ some _____?

care for ~을 좋아하다

10 대화를 듣고, 두 사람의 관계로 알맞은 것을 고르세요.

W May I _____ _____ _____, sir?
M Not yet. I'm waiting for my friend.
W Okay. Then I will _____ _____ later.

11 다음을 듣고, 두 사람의 대화가 <u>어색한</u> 것을 고르세요.

① W Let's _____ _____ for lunch!
   M Okay. How about _____ _____?
② W Do you have a cat?
   M Yes, _____ _____.
③ M When did you go there?
   W I _____ _____ last year.
④ M Did you get some milk?
   W No, I _____ _____ _____.

last year 작년

TEST **14**   89

DICTATION 14

12 대화를 듣고, 대화 내용과 일치하지 않는 것을 고르세요.

W   Your _____ looks very _____ in this _____.
M   Yes, he was 27 at the time.
W   _____ _____ is he now?
M   He is _____ years old.

grandfather 할아버지   **young** 젊은, 어린   **at the time** 그때

13 다음을 듣고, 내용과 일치하지 않는 것을 고르세요.

My name is Sam, and I am _____ years old. I _____ _____ Seoul. I have a _____. She is _____ years old. She and I like to _____ _____ together.

14 대화를 듣고, 두 사람이 대화하는 장소로 가장 알맞은 곳을 고르세요.

M   How much are _____ _____?
W   They are 30 dollars.
M   Are you _____ _____ _____ today?
W   Yes, there is a 50% _____ on _____ _____.

sale 세일, 할인 판매   **discount** 할인   **clothes** 옷, 의복

15 대화를 듣고, 남자의 마지막 말에 이어질 여자의 말로 알맞은 것을 고르세요.

M   Mom, I'm going to the park.
W   Are you going to _____ _____?
M   Yes. What's the _____ _____ today?
W   It's sunny.

REVIEW TEST

정답 및 해석 p. 50

A 다음을 듣고, 어휘와 우리말 뜻을 쓰세요.

1. _____ _____
2. _____ _____
3. _____ _____
4. _____ _____
5. _____ _____
6. _____ _____
7. _____ _____
8. _____ _____
9. _____ _____
10. _____ _____

B 우리말을 참고하여 빈칸에 알맞은 단어를 쓰세요.

1. The woman is _____ in the _____.
   여자는 바다에서 낚시하고 있다.

2. Are you _____ _____ _____ today?
   오늘 세일 하나요?

3. I will _____ _____ _____.
   제가 나중에 다시 오겠습니다.

4. May I _____ _____ _____, sir?
   주문을 받아도 될까요, 손님?

5. The boy is _____ _____ _____.
   남자아이는 팔짱을 끼고 있다.

6. I'm going _____ _____ two _____.
   나는 두 달 동안 떠나 있을 예정이야.

7. The woman _____ _____ _____.
   여자가 종이를 접고 있다.

TEST 14 91

TEST 15

01 다음 두 번 들려주는 단어를 듣고, 알맞은 단어를 고르세요.

① loud
② road
③ load
④ rude

02 다음을 듣고, 빈칸에 알맞은 것을 고르세요.

Do you like _____ pillows?

① father
② feature
③ feather
④ pedal

03 다음을 듣고, 그림과 일치하는 것을 고르세요.

① ② ③ ④

04 다음을 듣고, 그림과 일치하는 것을 고르세요.

① ② ③ ④

05 다음을 듣고, 그림과 일치하는 것을 고르세요.

① ② ③ ④

06 대화를 듣고, 두 사람이 만날 시각을 고르세요.

① 8시   ② 8시 30분
③ 9시   ④ 9시 30분

07 대화를 듣고, 여자가 받아야 할 거스름돈이 얼마인지 고르세요.

① $5   ② $15
③ $20   ④ $35

08 다음을 듣고, 관계 있는 것을 고르세요.

① subject
② country
③ language
④ hobby

09 질문을 듣고, 가장 알맞은 대답을 고르세요.

① Yes, it is a pen.
② Yes, this pen is red.
③ No, it's not mine.
④ This pen is really good.

10 대화를 듣고, 두 사람이 대화하는 장소로 가장 알맞은 곳을 고르세요.

① 옷 가게
② 공연장
③ 체육관
④ 휴대폰 가게

11 다음을 듣고, 두 사람의 대화가 어색한 것을 고르세요.

① ② ③ ④

12 다음을 듣고, 내용과 일치하는 것을 고르세요.

① Daniel은 열두 살이다.
② Daniel은 축구를 싫어한다.
③ Daniel은 수학을 좋아한다.
④ Daniel은 지금 친구들과 축구를 하고 있다.

13 대화를 듣고, 대화 내용과 일치하지 않는 것을 고르세요.

① 여자는 책 읽는 것을 좋아하지 않는다.
② 두 사람은 도서관에 갈 것이다.
③ 두 사람은 아이스크림을 먹을 것이다.
④ 여자는 도서관에 가는 것을 지루하게 생각한다.

14 대화를 듣고, 남자가 할 일로 알맞은 것을 고르세요.

① 약국에 간다.
② 친구를 만난다.
③ 식사하러 간다.
④ 병원에 간다.

15 대화를 듣고, 남자의 마지막 말에 이어질 여자의 말로 알맞은 것을 고르세요.

① It's 344-3452.
② Around 6 o'clock.
③ The line is busy.
④ Today is Monday.

DICTATION 15

01 다음 두 번 들려주는 단어를 듣고, 알맞은 단어를 고르세요.

_____ _____

∙∙
rude 버릇없는, 무례한

02 다음을 듣고, 빈칸에 알맞은 것을 고르세요.

Do you like _____ _____?

∙∙
feather 깃털 **pillow** 베개

03 다음을 듣고, 그림과 일치하는 것을 고르세요.

① The cow is _____ _____.
② The _____ is eating an apple.
③ The rabbit is _____ on the grass.
④ The duck is _____ _____ the water.

∙∙
cow 소 **monkey** 원숭이 **rabbit** 토끼 **duck** 오리
along ~을 따라

04 다음을 듣고, 그림과 일치하는 것을 고르세요.

① The boy is _____.
② The boy is _____.
③ The boy is _____.
④ The boy is _____.

∙∙
nervous 불안한; 긴장한 **sleepy** 졸린

05 다음을 듣고, 그림과 일치하는 것을 고르세요.

① The shirt is too _____.
② The shirt is too _____.
③ The shirt _____ the girl _____.
④ The shirt is _____.

∙∙
fit (꼭) 맞다

06 대화를 듣고, 두 사람이 만날 시각을 고르세요.

M Do you _____ _____ go to the _____ tomorrow morning?
W Yes. What time do you want to _____?
M Can we meet at 8:30?
W No, that's _____ _____. What about 9:_____?
M Sounds great. _____ _____ tomorrow.

94

07 대화를 듣고, 여자가 받아야 할 거스름돈이 얼마인지 고르세요.

W How much is this book?
M It's _____ _____.
W Here is _____ dollars.
M Thank you.

08 다음을 듣고, 관계 있는 것을 고르세요.

English, _____, music, _____, _____

•• science 과학

09 질문을 듣고, 가장 알맞은 대답을 고르세요.

Is this _____ _____?

10 대화를 듣고, 두 사람이 대화하는 장소로 가장 알맞은 곳을 고르세요.

W How can I _____ _____?
M You should come here and _____ _____.
W I see. I'll give _____ _____ _____.

•• stay fit 건강을 유지하다 exercise 운동하다 regularly 규칙적으로 give ~ a try ~을 한번 시도해 보다

11 다음을 듣고, 두 사람의 대화가 어색한 것을 고르세요.

① W Do you know how to _____ _____ _____?
  M I want to play it today.
② W What time are you _____ _____?
  M I will come home _____ 5 p.m.
③ W May I _____ _____ Mr. Young?
  M _____.
④ M What do you like to do in your _____ _____?
  W I like to play _____.

•• table tennis 탁구 Speaking. (전화 통화에서) 접니다.

TEST 15   95

DICTATION 15

12 다음을 듣고, 내용과 일치하는 것을 고르세요.

Hello, everyone. It is _____ to _____ you. My name is Daniel, and I'm _____ years old. I like playing _____ and _____. I'm happy to study with you.

13 대화를 듣고, 대화 내용과 일치하지 <u>않는</u> 것을 고르세요.

M Let's go to the _____.
W That _____ _____. I _____ reading. Let's have ice cream _____.
M Okay. We _____ _____ ice cream. Let's go.

••
hate 몹시 싫어하다   **instead** 대신에

14 대화를 듣고, 남자가 할 일로 알맞은 것을 고르세요.

W What's wrong, John?
M I have some _____ in my _____.
W You should _____ _____ _____ then.
M I think you're right.

••
pain 통증, 고통   **stomach** 배; 위   **see a doctor** 진찰을 받다

15 대화를 듣고, 남자의 마지막 말에 이어질 여자의 말로 알맞은 것을 고르세요.

M Hello. Can I _____ _____ Maria?
W I'm _____ she is _____ right now.
M What time will she _____ _____?
W <u>Around 6 o'clock.</u>

••
be out 외출 중이다   **be back** 돌아오다

REVIEW TEST

정답 및 해석 p. 54

A 다음을 듣고, 어휘와 우리말 뜻을 쓰세요.

1. _____ _____
2. _____ _____
3. _____ _____
4. _____ _____
5. _____ _____
6. _____ _____
7. _____ _____
8. _____ _____
9. _____ _____
10. _____ _____

B 우리말을 참고하여 빈칸에 알맞은 단어를 쓰세요.

1. It's _____ _____.
   그것은 내 것이 아니야.

2. Do you like _____ _____?
   너는 깃털 베개를 좋아하니?

3. How can I _____ _____?
   어떻게 건강을 유지할 수 있을까요?

4. The shirt _____ the _____ _____.
   셔츠는 여자아이에게 잘 맞는다.

5. The _____ is _____ _____.
   소는 풀을 먹고 있다.

6. I'll _____ it _____ _____.
   한번 시도해 볼게요.

7. What time _____ she _____ _____?
   그녀는 몇 시에 돌아오나요?

TEST 15   97

TEST 16

MY SCORE _____ / 15

01 다음 두 번 들려주는 단어를 듣고, 알맞은 단어를 고르세요.

① port
② fork
③ pork
④ park

02 다음을 듣고, 빈칸에 알맞은 것을 고르세요.

He _____ it from the others.

① fit
② hid
③ hit
④ had

03 다음을 듣고, 그림과 일치하는 것을 고르세요.

① ② ③ ④

04 다음을 듣고, 그림과 일치하는 것을 고르세요.

① ② ③ ④

05 다음을 듣고, 그림과 일치하는 것을 고르세요.

① ② ③ ④

06 대화를 듣고, 현재 시각을 고르세요.

① 1시　② 2시
③ 3시　④ 4시

07 대화를 듣고, 지금이 몇 월인지 고르세요.

① 7월　② 8월
③ 9월　④ 10월

08 다음을 듣고, 관계 있는 것을 고르세요.

① coffee shop
② theater
③ bookstore
④ police station

09 질문을 듣고, 가장 알맞은 대답을 고르세요.

① He wants me to be a doctor.
② I'm still looking for work.
③ At a post office.
④ He works 40 hours a week.

10 대화를 듣고, 스마트폰이 놓여 있는 위치를 고르세요.

① 의자 위
② 소파 위
③ 침대 위
④ 탁자 위

11 다음을 듣고, 두 사람의 대화가 <u>어색한</u> 것을 고르세요.

① ② ③ ④

12 대화를 듣고, 두 사람이 대화 직후에 할 일로 알맞은 것을 고르세요.

① 소풍을 갈 것이다.
② 산책을 갈 것이다.
③ 집에 있을 것이다.
④ 일기 예보를 볼 것이다.

13 대화를 듣고, 대화 내용과 일치하는 것을 고르세요.

① 여자는 아침에 조깅을 한다.
② 남자는 매일 7시에 일어난다.
③ 남자는 매일 아침 조깅을 한다.
④ 여자는 아침 일찍 일어나는 것을 좋아한다.

14 대화를 듣고, 남자가 기뻐하는 이유를 고르세요.

① 여자친구가 생겨서
② 직장을 구해서
③ 숙제를 다 해서
④ 오랫동안 한 일을 끝내서

15 대화를 듣고, 남자의 마지막 말에 이어질 여자의 말로 알맞은 것을 고르세요.

① That's it.
② That's okay.
③ Thank you.
④ That's a good idea.

01 다음 두 번 들려주는 단어를 듣고, 알맞은 단어를 고르세요.

_____ _____

•• **pork** 돼지고기

02 다음을 듣고, 빈칸에 알맞은 것을 고르세요.

He _____ it from the _____.

•• **hid** hide(숨기다)의 과거형

03 다음을 듣고, 그림과 일치하는 것을 고르세요.

① The man is _____.
② The man is a _____.
③ The man is _____.
④ The man is _____.

•• **fool** 바보, 멍청이   **bored** 지루해하는

04 다음을 듣고, 그림과 일치하는 것을 고르세요.

① People are _____ the _____ _____.
② People are _____ the _____.
③ People are in the _____ _____.
④ People are in the _____ _____.

•• **bus terminal** 버스 터미널   **art gallery** 미술관

05 다음을 듣고, 그림과 일치하는 것을 고르세요.

① The girl is _____ the _____.
② The girl is _____ the street.
③ The girl is _____ on the street.
④ The girl is _____ _____ the street.

•• **cross** 건너다, 횡단하다   **street** 길, 거리

06 대화를 듣고, 현재 시각을 고르세요.

W What time does the movie _____?
M At _____ o'clock.
W Then we have _____ _____ _____ before the movie starts.

•• **left** leave(남아 있다)의 과거형

07 대화를 듣고, 지금이 몇 월인지 고르세요.

W When are you going to _____ your _____ in Canada?

M In _____.

W So that's _____ _____ _____. Are you excited?

M Oh, yes.

•• **uncle** 삼촌

08 다음을 듣고, 관계 있는 것을 고르세요.

We watch our _____ _____.

09 질문을 듣고, 가장 알맞은 대답을 고르세요.

_____ does your father _____?

10 대화를 듣고, 스마트폰이 놓여 있는 위치를 고르세요.

M What are you looking for?

W My smartphone. _____ you _____ it?

M Yes. I put it _____ _____ _____.

•• **seen** see(보다)의 과거분사

11 다음을 듣고, 두 사람의 대화가 <u>어색한</u> 것을 고르세요.

① W _____ _____ do you go to the academy?

M _____ a week.

② M _____ _____ _____ take a taxi?

W That sounds good.

③ M Please _____ _____!

W Thank you.

④ W Can you _____ _____ the _____?

M I will buy it.

•• **academy** 학원 **turn on** (전기·가스 등을) 켜다

DICTATION 16

12 대화를 듣고, 두 사람이 대화 직후에 할 일로 알맞은 것을 고르세요.

W Look out the window. It's _____.

M I can't believe it. It _____ _____ and _____ this morning.

W Right. How about _____ _____ _____?

M Sounds great.

•• **believe** 믿다   **cloudy** 흐린   **take a walk** 산책하다

13 대화를 듣고, 대화 내용과 일치하는 것을 고르세요.

W What do you do _____ _____?

M I _____ every morning at 6:30 a.m.

W That's great. I _____ _____ do that. I love to _____ in the morning.

•• **never** 결코(절대) ~ 않다

14 대화를 듣고, 남자가 기뻐하는 이유를 고르세요.

M I am _____ _____ today.

W Why is that?

M I _____ _____ _____. I haven't worked in a long time.

W _____!

•• **Congratulations!** 축하해!

15 대화를 듣고, 남자의 마지막 말에 이어질 여자의 말로 알맞은 것을 고르세요.

M _____ _____. Are you Dr. Kim?

W No, I'm not. She's _____ _____.

M Oh, I'm sorry.

W <u>That's okay.</u>

REVIEW TEST

정답 및 해석 p. 58

A 다음을 듣고, 어휘와 우리말 뜻을 쓰세요.

1. _____ _____
2. _____ _____
3. _____ _____
4. _____ _____
5. _____ _____
6. _____ _____
7. _____ _____
8. _____ _____
9. _____ _____
10. _____ _____

B 우리말을 참고하여 빈칸에 알맞은 단어를 쓰세요.

1. She's _____ _____.
   그녀는 저쪽에 있습니다.

2. Please _____ _____!
   마음껏 드세요!

3. He _____ it from the _____.
   그는 그것을 다른 사람들로부터 숨겼다.

4. Can you _____ _____ the light?
   불 좀 켜 주겠니?

5. I _____ your smartphone _____ the table.
   내가 네 스마트폰을 탁자 위에 놓았어.

6. The girl is _____ _____ _____.
   여자아이는 길을 건너고 있다.

7. We have _____ _____ _____ before the movie starts.
   영화 시작 전까지 한 시간 남았어.

TEST **16** 103

TEST 17

01 다음 두 번 들려주는 단어를 듣고, 알맞은 단어를 고르세요.

① find
② blind
③ bind
④ blink

02 다음을 듣고, 빈칸에 알맞은 것을 고르세요.

Wash your _____.

① feed
② pace
③ feet
④ face

03 다음을 듣고, 그림과 일치하는 것을 고르세요.

① ② ③ ④

04 다음을 듣고, 그림과 일치하는 것을 고르세요.

① ② ③ ④

05 다음을 듣고, 그림과 일치하는 것을 고르세요.

① ② ③ ④

06 대화를 듣고, 여자가 태어난 날짜를 고르세요.

① 2013년 3월 19일
② 2013년 3월 29일
③ 2014년 4월 9일
④ 2014년 4월 29일

07 대화를 듣고, 남자가 영어를 공부한 기간을 고르세요.

① 3주   ② 3개월
③ 3년   ④ 13년

08 다음을 듣고, 관계 있는 것을 고르세요.

① spring
② summer
③ fall
④ winter

09 질문을 듣고, 가장 알맞은 대답을 고르세요.

① It's at the school.
② Only on Mondays.
③ It's at seven o'clock.
④ That sounds good.

10 대화를 듣고, 여자가 주문한 것이 아닌 것을 고르세요.

① 팝콘
② 빵
③ 콜라
④ 물

11 다음을 듣고, 두 사람의 대화가 어색한 것을 고르세요.

① ② ③ ④

12 다음을 듣고, 내용과 일치하지 않는 것을 고르세요.

① 담임 선생님은 음악을 가르친다.
② 담임 선생님은 결혼했다.
③ 담임 선생님은 41세이다.
④ 담임 선생님은 친절하다.

13 대화를 듣고, 남자의 심정으로 알맞은 것을 고르세요.

① 감격함
② 화가 남
③ 행복함
④ 걱정스러움

14 대화를 듣고, 두 사람이 대화하는 장소로 가장 알맞은 곳을 고르세요.

① 지하철 안
② 거리
③ 교실
④ 병원

15 대화를 듣고, 남자의 마지막 말에 이어질 여자의 말로 알맞은 것을 고르세요.

① I really like it.
② It doesn't matter.
③ Because it's interesting.
④ I'm fine. Thank you.

DICTATION 17

01 다음 두 번 들려주는 단어를 듣고, 알맞은 단어를 고르세요.

_____   _____

•• blind 눈 먼

02 다음을 듣고, 빈칸에 알맞은 것을 고르세요.

_____ your _____.

•• feet foot(발)의 복수형

03 다음을 듣고, 그림과 일치하는 것을 고르세요.

① The baby is eating _____.
② The baby is _____ a dog.
③ The baby is _____ with a _____.
④ The baby is _____ with her mother.

•• cookie 쿠키   hug 껴안다   doll 인형

04 다음을 듣고, 그림과 일치하는 것을 고르세요.

① The man is _____ his car.
② The man is _____ on a bus.
③ The man is _____ a kite.
④ The man is _____ a car.

•• fly 날리다   kite 연   drive 운전하다

05 다음을 듣고, 그림과 일치하는 것을 고르세요.

① The duck is _____ the _____.
② The duck is _____ the pond.
③ The duck is _____ _____ the pond.
④ The duck is _____ the pond.

•• pond 연못   around ~의 주위에

06 대화를 듣고, 여자가 태어난 날짜를 고르세요.

M When _____ you _____?
W I was born on _____ _____, 2014.

•• April 4월

07 대화를 듣고, 남자가 영어를 공부한 기간을 고르세요.

W Your English is _____ _____.
M Thank you.
W _____ _____ _____ did you study English?
M _____ three years.

• •
about ~정도, 대략

08 다음을 듣고, 관계 있는 것을 고르세요.

It's the _____ _____ winter and summer when _____ and flowers _____.

• •
between ~사이에 **leaves** leaf(잎사귀)의 복수형
appear 생기다, 나타나다

09 질문을 듣고, 가장 알맞은 대답을 고르세요.

_____ is the _____?

• •
show 공연, 쇼

10 대화를 듣고, 여자가 주문한 것이 아닌 것을 고르세요.

M May I help you?
W Yes, please. I want to _____ one large _____ and one small Coke.
M Do you need _____ _____?
W Hmm… a _____ of _____, please.

• •
Coke 콜라 **else** 다른, 그 밖의

11 다음을 듣고, 두 사람의 대화가 어색한 것을 고르세요.

① M I _____ _____ _____ to Jeju Island.
   W Me, too.
② W I will _____ _____ _____ today.
   M Then I will clean the _____.
③ M Do you _____ _____?
   W Yes, I want to speak English.
④ W Are you going to visit _____ _____ this Saturday?
   M Yes, it's her birthday.

• •
do the dishes 설거지를 하다

TEST 17 107

DICTATION 17

12 다음을 듣고, 내용과 일치하지 <u>않는</u> 것을 고르세요.

My _____ _____ is Mr. Park. He teaches _____, and he is 42 years old. He is _____ and has two _____. He is always _____ to us.

• •
homeroom teacher 담임 선생님 **married** 결혼한

13 대화를 듣고, 남자의 심정으로 알맞은 것을 고르세요.

W Summer _____ will _____ _____ soon.
M I know. I have to _____ my homework.
W Do you still have _____ _____ _____ _____?
M Yes, can you please help me?

• •
vacation 방학, 휴가 **be over** 끝나다

14 대화를 듣고, 두 사람이 대화하는 장소로 가장 알맞은 곳을 고르세요.

M _____ _____ _____ the car!
W Oops! I didn't see it.
M You always have to _____ _____ when you cross the street.

• •
watch out for ~을 조심하다 **Oops!** 어머!
careful 조심하는, 주의 깊은

15 대화를 듣고, 남자의 마지막 말에 이어질 여자의 말로 알맞은 것을 고르세요.

M What are you doing?
W I'm _____ _____.
M I don't like science. It's so _____. How about you?
W I really like it.

• •
difficult 어려운

정답 및 해석 p. 62

A 다음을 듣고, 어휘와 우리말 뜻을 쓰세요.

1. _____ _____
2. _____ _____
3. _____ _____
4. _____ _____
5. _____ _____
6. _____ _____
7. _____ _____
8. _____ _____
9. _____ _____
10. _____ _____

B 우리말을 참고하여 빈칸에 알맞은 단어를 쓰세요.

1. Do you need _____ _____ ?
   다른 필요한 건 없으세요?

2. The baby is _____ a(n) _____ .
   아기는 개를 껴안고 있다.

3. The man is _____ a(n) _____ .
   남자는 연을 날리고 있다.

4. I will _____ _____ _____ .
   내가 바닥을 청소할게.

5. He is _____ and _____ two _____ .
   그는 결혼했고 아들이 두 명 있다.

6. _____ _____ _____ the car!
   차를 조심해!

7. _____ _____ _____ did you study English?
   너는 영어를 몇 년 공부했니?

TEST 17　109

TEST 18

MY SCORE _____ / 15

01 다음 두 번 들려주는 단어를 듣고, 알맞은 단어를 고르세요.

① no
② know
③ now
④ new

02 다음을 듣고, 빈칸에 알맞은 것을 고르세요.

Mom, I _____ my schoolbag.

① can find
② can't find
③ can pound
④ can't pound

03 다음을 듣고, 그림과 일치하는 것을 고르세요.

① ② ③ ④

04 다음을 듣고, 그림과 일치하는 것을 고르세요.

① ② ③ ④

05 다음을 듣고, 그림과 일치하는 것을 고르세요.

① ② ③ ④

06 대화를 듣고, 약국이 몇 층에 있는지 고르세요.

① 2층   ② 7층
③ 11층 ④ 12층

07 대화를 듣고, 두 사람이 무엇에 대해 이야기하고 있는지 고르세요.

① 몸무게   ② 키
③ 다이어트 ④ 성별

08 다음을 듣고, 관계 있는 것을 고르세요.

① doctor
② writer
③ sales clerk
④ baseball player

09 질문을 듣고, 가장 알맞은 대답을 고르세요.

① Yes, I'm coming.
② I'm thirsty.
③ I go by bicycle.
④ I'm going to the bookstore.

10 대화를 듣고, 여자가 미국을 방문한 목적을 고르세요.

① 사업
② 휴가
③ 친척 방문
④ 관광

11 다음을 듣고, 두 사람의 대화가 어색한 것을 고르세요.

① ② ③ ④

12 대화를 듣고, 두 사람이 지금 하고 있는 일로 알맞은 것을 고르세요.

① 노래를 듣고 있다.
② 노래를 부르고 있다.
③ 춤을 추고 있다.
④ 영화를 보고 있다.

13 다음을 듣고, 내용과 일치하는 것을 고르세요.

① 나는 농구 선수가 되고 싶다.
② 내 동생은 재미있다.
③ 내 동생은 가수가 되고 싶어 한다.
④ 내 동생은 축구를 좋아한다.

14 대화를 듣고, 대화 내용과 일치하는 것을 고르세요.

① 남자는 오늘 학교에 가야 한다.
② 여자는 오늘이 일요일이라고 생각했다.
③ 남자는 좀 더 자고 싶어 한다.
④ 여자는 남자를 깨우지 않았다.

15 대화를 듣고, 여자의 마지막 말에 이어질 남자의 말로 알맞은 것을 고르세요.

① I'm going home.
② It was a nice mall.
③ I like studying English.
④ I bought some T-shirts.

DICTATION 18

01 다음 두 번 들려주는 단어를 듣고, 알맞은 단어를 고르세요.

_____ _____

• • now 지금

02 다음을 듣고, 빈칸에 알맞은 것을 고르세요.

Mom, I _____ _____ my schoolbag.

• • schoolbag 책가방

03 다음을 듣고, 그림과 일치하는 것을 고르세요.

① The girl likes _____.
② The girl likes _____.
③ The girl likes _____.
④ The girl likes _____.

• • bread 빵   meat 고기

04 다음을 듣고, 그림과 일치하는 것을 고르세요.

① The man's _____ _____.
② The man's _____ hurts.
③ The man's _____ hurts.
④ The man's _____ hurts.

• • hurt 아프다   neck 목   back 등, 허리

05 다음을 듣고, 그림과 일치하는 것을 고르세요.

① He is _____ years old.
② He is _____ years old.
③ He is _____ years old.
④ He is _____ years old.

06 대화를 듣고, 약국이 몇 층에 있는지 고르세요.

W Hi. I am looking for _____ _____.
M It's on the _____ _____. You can take the _____.
W Thanks.

• • pharmacy 약국   escalator 에스컬레이터

07 대화를 듣고, 두 사람이 무엇에 대해 이야기하고 있는지 고르세요.

M Your baby looks very _____.
W Yes, she does.
M _____ _____ does she weigh?
W She _____ 16 pounds.

••
weigh 무게가 ~이다

08 다음을 듣고, 관계 있는 것을 고르세요.

I _____ _____ in a store.

09 질문을 듣고, 가장 알맞은 대답을 고르세요.

_____ are you _____?

10 대화를 듣고, 여자가 미국을 방문한 목적을 고르세요.

M What is the _____ of your _____ to the U.S.? Business or _____?
W I am here _____ _____.
M Okay. Have a nice trip.

••
purpose 목적 **visit** 방문 **business** 사업

11 다음을 듣고, 두 사람의 대화가 <u>어색한</u> 것을 고르세요.

① W How about pizza _____ _____?
   M I'm sorry. I don't like pizza.
② M _____ _____ _____ eat some more food?
   W I'm so hungry.
③ W _____ can I _____ _____ City Hall?
   M Take the subway. That is the _____ way.
④ M Did you _____ _____?
   W Yes, I did.

••
City Hall 시청 **quickest** 가장 빠른 **way** 방법

DICTATION 18

12 대화를 듣고, 두 사람이 지금 하고 있는 일로 알맞은 것을 고르세요.

M Can you _____ _____ the _____?
W Okay.
M That is my _____ _____. Do you like this song, too?
W No. I don't like _____ _____.

•• **turn up** (소리·온도 등을) 올리다, 높이다 **volume** 음량

13 다음을 듣고, 내용과 일치하는 것을 고르세요.

I like playing soccer. I want to be the _____ _____ _____ in the world. My brother is _____. He wants to be a _____.

•• **funny** 재미있는 **comedian** 코미디언

14 대화를 듣고, 대화 내용과 일치하는 것을 고르세요.

W _____ _____! It's _____ eight o'clock in the morning.
M I want to _____ _____. Today is Sunday.
W Oops. I'm sorry.

•• **wake up** 일어나다 **already** 벌써, 이미

15 대화를 듣고, 여자의 마지막 말에 이어질 남자의 말로 알맞은 것을 고르세요.

W _____ _____ your weekend, Minsu?
M It was really great. I _____ _____ the _____.
W Really? What did you do there?
M I bought some T-shirts.

•• **bought** buy(사다)의 과거형

114

REVIEW TEST

정답 및 해석 p. 66

A 다음을 듣고, 어휘와 우리말 뜻을 쓰세요.

1. _____ _____
2. _____ _____
3. _____ _____
4. _____ _____
5. _____ _____
6. _____ _____
7. _____ _____
8. _____ _____
9. _____ _____
10. _____ _____

B 우리말을 참고하여 빈칸에 알맞은 단어를 쓰세요.

1. The man's _____ _____.
   남자의 다리가 아프다.

2. You can _____ the _____.
   에스컬레이터를 타실 수 있어요.

3. How _____ does she _____?
   그녀는 몸무게가 얼마나 나가나요?

4. I am _____ _____ a _____.
   저는 약국을 찾고 있어요.

5. What is the _____ of your _____ to the U.S?
   미국을 방문한 목적은 무엇입니까?

6. _____ can I _____ _____ City Hall?
   시청에 어떻게 갈 수 있나요?

7. Can you _____ _____ the _____?
   음량을 높여줄 수 있어?

TEST 18   115

TEST 19

MY SCORE _____ / 15

01 다음 두 번 들려주는 단어를 듣고, 알맞은 단어를 고르세요.

① rain
② line
③ main
④ lane

02 다음을 듣고, 빈칸에 알맞은 것을 고르세요.

Where is the red _____ ?

① black
② block
③ blank
④ brake

03 다음을 듣고, 그림과 일치하는 것을 고르세요.

①   ②   ③   ④

04 다음을 듣고, 그림과 일치하는 것을 고르세요.

①   ②   ③   ④

05 다음을 듣고, 그림과 일치하는 것을 고르세요.

①   ②   ③   ④

06 대화를 듣고, 남자가 탈 버스 번호를 고르세요.

① 12   ② 20
③ 24   ④ 25

07 다음을 듣고, 내일의 날씨로 알맞은 것을 고르세요.

① 따뜻하고 비가 옴
② 따뜻하고 화창함
③ 시원하고 흐림
④ 시원하고 화창함

08 다음을 듣고, 관계 있는 것을 고르세요.

① 군인
② 웨이터
③ 요리사
④ 디자이너

09 질문을 듣고, 가장 알맞은 대답을 고르세요.

① No problem.
② Not so good.
③ Good for you!
④ That's all right.

10 대화를 듣고, 두 사람의 관계로 알맞은 것을 고르세요.

① 교사 - 학생
② 점원 - 고객
③ 의사 - 환자
④ 택시 운전사 - 승객

11 다음을 듣고, 두 사람의 대화가 <u>어색한</u> 것을 고르세요.

① ② ③ ④

12 대화를 듣고, 대화 내용과 일치하지 <u>않는</u> 것을 고르세요.

① 남자는 살을 빼고 싶어 한다.
② 여자는 남자에게 줄넘기를 하자고 제안했다.
③ 두 사람은 오후 6시에 만나기로 약속했다.
④ 두 사람은 운동장에서 만날 것이다.

13 대화를 듣고, 두 사람이 무엇에 대해 이야기하고 있는지 고르세요.

① 생일 파티
② 할인 판매
③ 스웨터
④ 쇼핑

14 대화를 듣고, 여자의 상태로 알맞은 것을 고르세요.

① 화가 남
② 불안함
③ 피곤함
④ 몸이 안 좋음

15 대화를 듣고, 여자의 마지막 말에 이어질 남자의 말로 알맞은 것을 고르세요.

① You should exercise.
② I like your bag.
③ You look sleepy.
④ Don't worry. I'll help you find it.

DICTATION 19

01 다음 두 번 들려주는 단어를 듣고, 알맞은 단어를 고르세요.

_____ _____

•• **line** 선, 줄

02 다음을 듣고, 빈칸에 알맞은 것을 고르세요.

Where is the _____ _____?

•• **block** (완구의) 블록

03 다음을 듣고, 그림과 일치하는 것을 고르세요.

① The steak is _____.
② The noodles are _____.
③ The _____ is _____.
④ The soup is _____.

•• **salty** 짠 **spicy** 매운; 양념 맛이 강한 **sweet** 달콤한, 단 **sour** 신, 시큼한

04 다음을 듣고, 그림과 일치하는 것을 고르세요.

① The boy is _____ _____ music.
② The boy is _____ with his friend.
③ The boy is _____ a book in the bag.
④ The boy is _____ next to the bench.

•• **listen to music** 음악을 듣다

05 다음을 듣고, 그림과 일치하는 것을 고르세요.

① There are _____ _____ on the bed.
② There is a _____ next to the bed.
③ There is a _____ _____ on the desk.
④ There are some _____ in the _____.

•• **teddy bear** 곰 인형 **plant** 식물

06 대화를 듣고, 남자가 탈 버스 번호를 고르세요.

M Excuse me. How can I _____ _____ the _____?
W You can get there _____ _____. Take bus number _____.
M Oh, thank you.

•• museum 박물관

07 다음을 듣고, 내일의 날씨로 알맞은 것을 고르세요.

Today's weather was _____ and sunny. But it will be _____ and _____ tomorrow.

•• warm 따뜻한   cool 시원한, 서늘한

08 다음을 듣고, 관계 있는 것을 고르세요.

I make _____ and _____ food.

•• recipe 조리법, 요리법   prepare 준비하다

09 질문을 듣고, 가장 알맞은 대답을 고르세요.

Can you help me _____ _____ _____?

10 대화를 듣고, 두 사람의 관계로 알맞은 것을 고르세요.

W Hello. Where _____ you _____ _____ go?
M Take me to N Seoul Tower, please.
W Okay. Please put on _____ _____.

•• put on ~을 입다[매다]   seatbelt 안전벨트

11 다음을 듣고, 두 사람의 대화가 <u>어색한</u> 것을 고르세요.

① M Let's _____ _____ _____.
   W That sounds good.
② W Do you _____ _____ about the new game?
   M No, I have _____ _____.
③ W How do you like your new teacher?
   M He _____ _____.
④ M What are you doing now?
   W I _____ _____ that movie tonight.

•• take a break 쉬다, 휴식을 취하다   seem ~인 것 같다

DICTATION 19

12 대화를 듣고, 대화 내용과 일치하지 <u>않는</u> 것을 고르세요.

M I need to _____ some _____.

W How about _____ _____ with me at the park?

M That's a great idea!

W Then _____ _____ _____ at 6 p.m.?

M Okay, see you _____.

lose weight 살을 빼다, 체중을 줄이다

13 대화를 듣고, 두 사람이 무엇에 대해 이야기하고 있는지 고르세요.

W Your sweater _____ _____ _____ you.

M Thank you.

W Where did you get it?

M My aunt _____ it _____ a birthday gift.

look good on ~와 잘 어울리다

14 대화를 듣고, 여자의 상태로 알맞은 것을 고르세요.

M Are you _____?

W Not really. I feel a little _____.

M Oh, you _____ _____ a lot.

W Yeah. I think I should _____ _____ _____.

a little 조금, 약간   **sweat** 땀을 흘리다

15 대화를 듣고, 여자의 마지막 말에 이어질 남자의 말로 알맞은 것을 고르세요.

W Whew, I'm _____.

M What's _____?

W I think I _____ my bag. What _____ I do?

M <u>Don't worry. I'll help you find it.</u>

upset 속상한, 화난

REVIEW TEST

정답 및 해석 p. 70

A 다음을 듣고, 어휘와 우리말 뜻을 쓰세요.

1. _____ _____
2. _____ _____
3. _____ _____
4. _____ _____
5. _____ _____
6. _____ _____
7. _____ _____
8. _____ _____
9. _____ _____
10. _____ _____

B 우리말을 참고하여 빈칸에 알맞은 단어를 쓰세요.

1. I make _____ and _____ food.
   저는 조리법을 만들고 음식을 준비합니다.

2. Your sweater _____ _____ _____ you.
   스웨터가 네게 잘 어울린다.

3. The boy _____ _____ _____ music.
   남자아이가 음악을 듣고 있다.

4. Today's _____ _____ _____ and sunny.
   오늘 날씨는 따뜻하고 화창했습니다.

5. Please _____ _____ your _____.
   안전벨트를 매 주세요.

6. Can you _____ me _____ _____ bags?
   이 가방들을 나르는 걸 도와줄 수 있니?

7. There are _____ _____ in the _____.
   방 안에 식물이 좀 있다.

TEST 19 121

TEST 20

01 다음 두 번 들려주는 단어를 듣고, 알맞은 단어를 고르세요.

① sure
② sour
③ score
④ shore

02 다음을 듣고, 빈칸에 알맞은 것을 고르세요.

> She _____ at his joke.

① left
② lift
③ laughed
④ liked

03 다음을 듣고, 그림과 일치하는 것을 고르세요.

① ② ③ ④

04 다음을 듣고, 그림과 일치하는 것을 고르세요.

① ② ③ ④

05 다음을 듣고, 그림과 일치하는 것을 고르세요.

① ② ③ ④

06 대화를 듣고, 남자가 여자에게 생일 선물을 줄 요일을 고르세요.

① 일요일   ② 월요일
③ 화요일   ④ 토요일

07 대화를 듣고, 여자가 저축한 돈의 총 액수를 고르세요.

① $80   ② $100
③ $112   ④ $120

08 다음을 듣고, 관계 있는 것을 고르세요.

① weather
② month
③ country
④ vehicle

09 질문을 듣고, 가장 알맞은 대답을 고르세요.

① I went there by train.
② It will be sunny.
③ I would like to go there, too.
④ It was a great trip.

10 대화를 듣고, 두 사람의 관계로 알맞은 것을 고르세요.

① 친구 - 친구
② 교사 - 학부모
③ 교사 - 학생
④ 아빠 - 딸

11 다음을 듣고, 두 사람의 대화가 어색한 것을 고르세요.

① ② ③ ④

12 대화를 듣고, 남자가 구입해야 할 것이 아닌 것을 고르세요.

① 우유
② 빵
③ 달걀
④ 오렌지 주스

13 대화를 듣고, 대화 내용과 일치하지 않는 것을 고르세요.

① 여자는 집에 갔다 오려고 한다.
② 여자는 필통을 두고 왔다.
③ 여자의 집은 5분 거리에 있다.
④ 남자는 여자를 기다리지 않을 것이다.

14 다음을 듣고, 도서관에 관한 내용으로 일치하지 않는 것을 고르세요.

① 토요일에도 개관한다.
② 월요일은 휴관일이다.
③ 운영 시간은 오전 9시부터이다.
④ 오후 10시까지 운영한다.

15 대화를 듣고, 남자의 마지막 말에 이어질 여자의 말로 알맞은 것을 고르세요.

① I have been there.
② Art class is boring.
③ I will be busy tomorrow.
④ OK. Get ready, and we will leave soon.

01 다음 두 번 들려주는 단어를 듣고, 알맞은 단어를 고르세요.

_____ _____

shore 해안

02 다음을 듣고, 빈칸에 알맞은 것을 고르세요.

She _____ at his _____.

laugh 웃다 joke 농담

03 다음을 듣고, 그림과 일치하는 것을 고르세요.

① The man is holding a _____.
② The man is _____ _____ _____.
③ The man is _____ at the _____.
④ The man is putting a _____ on the wall.

map 지도 take a picture 사진을 찍다 artwork 미술 작품 frame 액자 wall 벽

04 다음을 듣고, 그림과 일치하는 것을 고르세요.

① The fridge is _____.
② The fridge is _____.
③ The fridge is _____.
④ The fridge is _____.

fridge 냉장고 empty 비어 있는

05 다음을 듣고, 그림과 일치하는 것을 고르세요.

① Two _____ are playing with _____.
② Two children are playing _____.
③ Two children are playing _____ _____ _____.
④ Two children are playing in the _____.

toy 장난감

06 대화를 듣고, 남자가 여자에게 생일 선물을 줄 요일을 고르세요.

M Happy _____ a day _____!
W Thank you so much.
M I'm sorry, but I am _____ on Monday. I'll give you a _____ _____ _____.

07 대화를 듣고, 여자가 저축한 돈의 총 액수를 고르세요.

M How much did you _____ _____ _____?
W I have _____ dollars in the bank and 20 dollars in my _____.

• **save** (돈을) 모으다, 저축하다 **so far** 지금까지
piggy bank 돼지 저금통

08 다음을 듣고, 관계 있는 것을 고르세요.

sunny, _____, rainy, _____

• **snowy** 눈이 내리는

09 질문을 듣고, 가장 알맞은 대답을 고르세요.

How _____ your _____ _____ Wasaga Beach?

10 대화를 듣고, 두 사람의 관계로 알맞은 것을 고르세요.

M When do we _____ _____ _____ our homework?
W We have to finish it _____ this _____.
M Are you _____ _____ your homework?
W _____.

• **be done with** ~을 끝내다 **almost** 거의

11 다음을 듣고, 두 사람의 대화가 <u>어색한</u> 것을 고르세요.

① M _____ _____ is your dog?
　 W He is six years old.
② W Do you have a _____?
　 M No, but I want to have one.
③ M What do you _____ _____ the _____?
　 W I read it _____.
④ W Why don't we watch a _____ _____?
　 M That sounds great.

• **story** 이야기 **comedy movie** 코미디 영화

TEST **20**　125

DICTATION 20

12 대화를 듣고, 남자가 구입해야 할 것이 아닌 것을 고르세요.

- M I am going to the _____ _____. What do we need?
- W We need milk, bread, and _____.
- M Do we need some _____ _____?
- W No, we _____ have some.

•• **grocery store** 식료품점

13 대화를 듣고, 대화 내용과 일치하지 않는 것을 고르세요.

- W I need to go back home. I _____ my pencil case.
- M How long _____ _____ _____ to go to your home from here?
- W It's only _____ _____ from here.
- M Okay, I will wait for you here.
- W Thanks.

14 다음을 듣고, 도서관에 관한 내용으로 일치하지 않는 것을 고르세요.

Thank you for _____ Seoul Library. The library is _____ from _____ to _____. We are open _____ 9 a.m. _____ 10 p.m.

•• **open** 개방된, 열려 있는

15 대화를 듣고, 남자의 마지막 말에 이어질 여자의 말로 알맞은 것을 고르세요.

- M Mom, I don't think I can go to _____ _____ today.
- W Why?
- M I have a _____. Can you take me to the _____ today?
- W <u>OK. Get ready, and we will leave soon.</u>

•• **get ready** 준비하다

정답 및 해석 p. 74

A 다음을 듣고, 어휘와 우리말 뜻을 쓰세요.

1. _____ _____
2. _____ _____
3. _____ _____
4. _____ _____
5. _____ _____
6. _____ _____
7. _____ _____
8. _____ _____
9. _____ _____
10. _____ _____

B 우리말을 참고하여 빈칸에 알맞은 단어를 쓰세요.

1. I am going to the _____ _____.
   나는 식료품점에 갈 거예요.

2. _____ you _____ with your homework?
   너는 숙제를 끝냈니?

3. The man is putting a _____ on the _____.
   남자는 액자를 벽에 걸고 있다.

4. The man is _____ _____ _____.
   남자는 사진을 찍고 있다.

5. She _____ _____ his _____.
   그녀는 그의 농담에 웃었다.

6. How much did you _____ _____ _____?
   당신은 지금까지 얼마나 저축했어요?

7. Two children are _____ _____ _____.
   두 아이가 장난감을 가지고 놀고 있다.

TEST 20   127

NEW EDITION

기초를 탄탄히 다져주는
리스닝 프로그램

영어듣기 모의고사

COOL LISTENING

정답 및 해석

Basic 1

COOL LISTENING

정답 및 해석

TEST 01 p.8

| 01 ④ | 02 ③ | 03 ② | 04 ② | 05 ③ | 06 ③ | 07 ② | 08 ② |
| 09 ① | 10 ① | 11 ④ | 12 ① | 13 ③ | 14 ③ | 15 ② | |

	문제 및 정답	받아쓰기 및 녹음내용	해석
01	다음 두 번 들려주는 단어를 듣고, 알맞은 단어를 고르세요. ① ban　② fan ③ pan　✓④ van	**van**　**van**	승합차 **van** 밴, 승합차　**ban** 금지(하다)　**fan** 선풍기 **pan** 냄비, 팬
02	다음을 듣고, 빈칸에 알맞은 것을 고르세요. They _____ a beautiful view. ① bound　② sound ✓③ found　④ pound	They **found** a beautiful **view**.	그들은 아름다운 풍경을 발견했다. **found** find(찾다, 발견하다)의 과거형 **view** 풍경, 광경　**bound** 튀어 오르다 **pound** 파운드(영국의 화폐 단위)
03	다음을 듣고, 그림과 일치하는 것을 고르세요. ① ✓② ③ ④	① The boy has a **pencil**. ② The boy has a **toothbrush**. ③ The boy has a **bowl**. ④ The boy has a **cup**.	① 남자아이는 연필을 가지고 있다. ② 남자아이는 칫솔을 가지고 있다. ③ 남자아이는 그릇을 가지고 있다. ④ 남자아이는 컵을 가지고 있다. **toothbrush** 칫솔　**bowl** (우묵한) 그릇
04	다음을 듣고, 그림과 일치하는 것을 고르세요. ① ✓② ③ ④	① The girl is **watching** TV. ② The girl is **reading** a book. ③ The girl is **brushing** her **hair**. ④ The girl is **lying** on the **sofa**.	① 여자아이는 TV를 보고 있다. ② 여자아이는 책을 읽고 있다. ③ 여자아이는 머리를 빗고 있다. ④ 여자아이는 소파에 누워 있다. **brush** (머리카락 등을) 빗다　**lying** lie(누워 있다)의 현재분사
05	다음을 듣고, 그림과 일치하는 것을 고르세요. ① ② ✓③ ④	① The eraser is **on** the **pencil case**. ② The eraser is **next to** the pencil case. ③ The eraser is **in** the pencil case. ④ The eraser is **outside** the pencil case.	① 지우개가 필통 위에 있다. ② 지우개가 필통 옆에 있다. ③ 지우개가 필통 안에 있다. ④ 지우개가 필통 밖에 있다. **eraser** 지우개　**pencil case** 필통 **next to** ~옆에　**outside** 밖에

06	대화를 듣고, 여자가 잃어버린 돈의 액수를 고르세요. ① $20 ② $120 ③ $200 ✓ ④ $210	M Why are you angry? W Someone stole my bag. There was 200 dollars in the bag. M That's too bad.	남 너 왜 화가 나 있니? 여 누군가가 내 가방을 훔쳐갔어. 가방 안에 200달러가 있었어. 남 너무 안 됐다. stole steal(훔치다)의 과거형
07	대화를 듣고, 여자가 아침 식사하는 시각을 고르세요. ① 7시 15분 ② 7시 30분 ✓ ③ 7시 45분 ④ 7시 50분	M What time do you get up? W I get up at 7:15. M What time do you have breakfast? W At 7:30.	남 너는 몇 시에 일어나니? 여 7시 15분에 일어나. 남 너는 아침 식사를 몇 시에 하니? 여 7시 30분에 해. get up 일어나다 have breakfast 아침 식사하다
08	다음을 듣고, 관계 있는 것을 고르세요. ① 식당 ② 도서관 ✓ ③ 서점 ④ 교무실	I borrow some books.	나는 몇 권의 책을 빌린다. borrow 빌리다
09	질문을 듣고, 가장 알맞은 대답을 고르세요. ① I am 10 years old. ✓ ② He is older than I am. ③ I was born on May 12. ④ She is 14 years old.	How old are you?	넌 몇 살이니? ① 난 10살이야. ② 그는 나보다 나이가 많아. ③ 나는 5월 12일에 태어났어. ④ 그녀는 14살이야. older than ~보다 나이가 더 많은 be born 태어나다 May 5월
10	다음을 듣고, 남자가 가야 할 곳을 고르세요. ① 병원 ✓ ② 슈퍼마켓 ③ 놀이터 ④ 자동차 정비소	I broke my leg because of the car accident.	교통사고로 인해 내 다리가 부러졌다. broke break(부러지다, 깨지다)의 과거형 leg 다리 car accident 교통사고

11	다음을 듣고, 두 사람의 대화가 어색한 것을 고르세요.
	① ② ③ ④ ✓
		① W Do you like summer?
		  M No, I don't like hot weather.
		② M What's wrong?
		  W I don't feel good.
		③ M What happened to you?
		  W I lost my smartphone.
		④ W What's your hobby?
		  M Don't worry.
			① 여 여름을 좋아하세요?
			  남 아니요, 전 더운 날씨를 싫어해요.
			② 남 무슨 일이야?
			  여 기분이 좋지 않아.
			③ 남 너 무슨 일이니?
			  여 내 스마트폰을 잃어버렸어.
			④ 여 취미가 무엇인가요?
			  남 걱정 마세요.
			
			weather 날씨 wrong 잘못된 happen 일어나다, 발생하다 lost lose(잃다)의 과거형

12	대화를 듣고, 대화 내용과 일치하지 않는 것을 고르세요. ✓① 두 사람 모두 테니스 치는 것을 좋아한다. ② 남자는 농구 하는 것을 좋아한다. ③ 남자는 농구 선수가 되고 싶어 한다. ④ 여자는 남자가 농구하는 모습을 보고 싶어 한다.	W I like playing tennis. What about you, Paul? M I don't like it. I like playing basketball. I want to be a basketball player. W Oh, I want to see you play basketball.	여 난 테니스 치는 것을 좋아해. Paul, 너는? 남 난 그것을 좋아하지 않아. 난 농구 하는 것을 좋아해. 난 농구 선수가 되고 싶어. 여 오, 네가 농구하는 것을 보고 싶어. play tennis 테니스 치다 basketball player 농구 선수
13	대화를 듣고, 여자가 내일 할 일로 알맞은 것을 고르세요. ① 수영장에 갈 것이다. ② 영화 보러 갈 것이다. ✓③ 시험 공부를 할 것이다. ④ 수영 레슨을 받을 것이다.	M Let's go to the swimming pool tomorrow. W I want to go, but I need to study for the exam.	남 내일 수영장에 가자. 여 가고 싶지만 난 시험 공부를 해야 해. swimming pool 수영장 need to ~해야 하다 study 공부하다 exam 시험
14	대화를 듣고, 남자가 받고 싶어 하는 생일 선물로 알맞은 것을 고르세요. ① 장난감 ② 강아지 ✓③ 운동화 ④ 축구공	W When is your birthday? M My birthday is in December. W What do you want for your birthday? M I want a pair of sneakers.	여 네 생일이 언제니? 남 제 생일은 12월이에요. 여 네 생일에 뭘 받고 싶니? 남 운동화를 받고 싶어요. December 12월 a pair of 한 켤레[쌍]의 sneakers 운동화
15	대화를 듣고, 여자의 마지막 말에 이어질 남자의 말로 알맞은 것을 고르세요. ① See you tomorrow. ✓② That's a good idea. ③ At a quarter after two. ④ I'm sorry to hear that.	W What time is it now? M It's six thirty. W I'm hungry. Let's have dinner now. M That's a good idea.	여 지금 몇 시야? 남 6시 30분이야. 여 난 배고파. 지금 저녁 먹자. 남 좋은 생각이야. ① 내일 보자. ③ 2시 15분에. ④ 그 말을 듣게 되어 유감이야. now 지금, 이제 have dinner 저녁 식사하다 quarter 15분, 4분의 1

REVIEW TEST p. 13

A ① view, 풍경, 광경 ② exam, 시험 ③ steal, 훔치다 ④ toothbrush, 칫솔 ⑤ car accident, 교통사고 ⑥ get up, 일어나다 ⑦ leg, 다리 ⑧ sneakers, 운동화 ⑨ quarter, 15분, 4분의 1 ⑩ borrow, 빌리다

B ① playing tennis ② swimming pool ③ happened to you ④ stole my bag ⑤ brushing her hair ⑥ What time, breakfast ⑦ is lying on

TEST 02 p. 14

01 ③ 02 ④ 03 ① 04 ② 05 ② 06 ① 07 ② 08 ③
09 ④ 10 ① 11 ③ 12 ④ 13 ① 14 ② 15 ②

	문제 및 정답	받아쓰기 및 녹음내용	해석
01	다음 두 번 들려주는 단어를 듣고, 알맞은 단어를 고르세요. ① chin ② sin ③ thin ✓ ④ tin	thin thin	얼은 thin 얇은 chin 턱 sin 죄 tin 주석, 양철
02	다음을 듣고, 빈칸에 알맞은 것을 고르세요. I _____ my nose. ① throw ② borrow ③ flow ④ blow ✓	I blow my nose.	나는 코를 푼다. blow one's nose 코를 풀다 throw 던지다 flow 흐르다
03	다음을 듣고, 그림과 일치하는 것을 고르세요. ① ✓ ② ③ ④	① Two children are playing. ② Two children are praying. ③ Two children are painting. ④ Two children are planting some flowers.	① 두 아이가 놀고 있다. ② 두 아이가 기도하고 있다. ③ 두 아이가 그림을 그리고 있다. ④ 두 아이가 꽃을 심고 있다. pray 기도하다 paint (그림을) 그리다; 채색하다 plant (나무 등을) 심다
04	다음을 듣고, 그림과 일치하는 것을 고르세요. ① ② ✓ ③ ④	① The girl is wearing a skirt. ② The girl is jogging outside. ③ The girl is jumping rope. ④ The girl is walking her dog.	① 여자아이는 치마를 입고 있다. ② 여자아이는 밖에서 조깅하고 있다. ③ 여자아이는 줄넘기를 하고 있다. ④ 여자아이는 개를 산책시키고 있다. wear 입고 있다 jog 조깅하다 jump rope 줄넘기하다 walk 산책시키다
05	다음을 듣고, 그림과 일치하는 것을 고르세요. ① ② ✓ ③ ④	① People are getting on the plane. ② People are waiting for the train. ③ People are standing at a bus stop. ④ People are eating in the restaurant.	① 사람들이 비행기에 탑승하고 있다. ② 사람들이 기차를 기다리고 있다. ③ 사람들이 버스 정류장에 서 있다. ④ 사람들이 식당에서 식사하고 있다. get on 타다, 탑승하다 plane 비행기 wait for ~을 기다리다 train 기차 bus stop 버스 정류장 restaurant 식당

06	대화를 듣고, 두 사람이 내일 만나기로 한 시각을 고르세요. ✓① 10 a.m. ② 10 p.m. ③ 11 a.m. ④ 11 p.m.	M What time shall we meet tomorrow? W Let's meet at 10 o'clock tomorrow morning!	남 우리 내일 몇 시에 만날까? 여 내일 아침 10시 정각에 만나자! •• o'clock ~시(時) a.m. 오전 p.m. 오후
07	대화를 듣고, 남자의 전화번호를 고르세요. ① 322-9676 ✓② 322-6976 ③ 323-6976 ④ 332-9676	W What is your phone number? M My phone number is 322-6976.	여 전화번호가 몇 번이에요? 남 제 전화번호는 322-6976이에요. •• phone number 전화번호
08	다음을 듣고, 관계 있는 것을 고르세요. ① 크리스마스 ② 추수감사절 ✓③ 생일 ④ 어린이날	I was born on September 18. My parents give me a lot of gifts on this day.	나는 9월 18일에 태어났다. 나의 부모님은 이 날 내게 많은 선물을 주신다. •• September 9월 a lot of 많은 gift 선물
09	질문을 듣고, 가장 알맞은 대답을 고르세요. ① My work starts at 8:30. ② I live with my grandparents. ③ I have some work to do tonight. ✓④ I am a professor at Brown University.	What do you do for a living?	당신의 직업은 무엇입니까? ① 제 일은 8시 30분에 시작합니다. ② 저는 조부모님과 함께 삽니다. ③ 저는 오늘밤에 할 일이 좀 있습니다. ④ 저는 브라운 대학교 교수입니다. •• living 생계, 생활 work 일; 직장 professor 교수 university 대학교
10	대화를 듣고, 두 사람의 관계로 알맞은 것을 고르세요. ✓① 직장 상사 - 직원 ② 선생님 - 학생 ③ 아버지 - 딸 ④ 점원 - 고객	M You are late again. W I am sorry. M We had a sales meeting this morning. W It will not happen again.	남 또 늦었군요. 여 죄송합니다. 남 오늘 아침에 판매 회의를 했습니다. 여 다시는 이런 일이 생기지 않을 겁니다. •• late 늦은 sales meeting 판매 회의

11	다음을 듣고, 두 사람의 대화가 어색한 것을 고르세요.
	① ② ✓③ ④
		① M Please pass the salt.
		  W Here you are.
		② M Nice to meet you.
		  W Nice to meet you, too.
		③ M What do you do?
		  W I love skiing.
		④ M Did you like the dessert?
		  W Yes, it was great.
			① 남 소금 좀 건네주세요.
			  여 여기 있어요.
			② 남 만나서 반가워.
			  여 나도 만나서 반가워.
			③ 남 직업이 뭐예요?
			  여 저는 스키 타는 것을 정말 좋아해요.
			④ 남 후식은 마음에 드셨어요?
			  여 네, 아주 좋았어요.
			••
			pass 건네주다 ski 스키 타다 dessert 후식, 디저트

12	대화를 듣고, 대화 내용과 일치하지 않는 것을 고르세요. ① John은 영화를 보고 있다. ② John은 영화관에 있다. ③ John은 영화 보는 것을 좋아한다. ④ 여자는 John에게 영화를 보러 가자고 제안했다. ✓	W What is John doing? M He is watching a <u>new</u> <u>movie</u> at the <u>theater</u>. W Does he like watching movies? M Yes, he <u>really</u> <u>does</u>.	여 John은 뭐 하고 있어? 남 그는 영화관에서 새 영화를 보고 있어. 여 그는 영화 보는 걸 좋아하니? 남 응, 정말로 좋아해. **new** 새로운 **theater** 극장, 영화관
13	대화를 듣고, 두 사람이 대화하는 장소로 가장 알맞은 곳을 고르세요. ① 옷 가게 ② 도서관 ③ 문구점 ✓ ④ 교실	M Do you have any <u>pens</u>? W Yes, <u>what</u> <u>color</u> do you want? M I want <u>red</u> and <u>black</u>. W Here they are. They are five dollars.	남 볼펜 있나요? 여 네, 무슨 색을 원하세요? 남 빨간색과 검은색을 원해요. 여 여기 있어요. 5달러입니다. **color** 색깔
14	대화를 듣고, 여자의 직업으로 알맞은 것을 고르세요. ① 수의사 ② 치과의사 ✓ ③ 약사 ④ 교사	W What's wrong? M I have a <u>toothache</u>. I can't <u>eat</u> <u>anything</u>. W Open your <u>mouth</u>, please. M Ahhhhh…	여 어디가 아프세요? 남 이가 아파서요. 아무것도 먹을 수가 없어요. 여 입을 벌려 보세요. 남 아…… **toothache** 치통 **anything** 아무 것도 **open** 열다 **mouth** 입
15	대화를 듣고, 남자의 마지막 말에 이어질 여자의 말로 알맞은 것을 고르세요. ① Nice to meet you. ② I am from China. ✓ ③ How are you? ④ I love Korea, too.	M Hi. I am Mike. W Hi. I am Jamie. <u>Where</u> are you <u>from</u>? M I am <u>from</u> <u>Korea</u>. What about you? W <u>I am from China.</u>	남 안녕. 난 Mike야. 여 안녕. 난 Jamie야. 넌 어디에서 왔니? 남 난 한국에서 왔어. 넌? 여 <u>난 중국에서 왔어.</u> ① 만나서 반가워. ③ 어떻게 지내? ④ 나도 한국을 좋아해. **be from** ~에서 오다, ~ 출신이다

REVIEW TEST p. 19

A ① pass, 건네주다 ② thin, 얇은 ③ late, 늦은 ④ plane, 비행기 ⑤ pray, 기도하다 ⑥ theater, 극장, 영화관
⑦ toothache, 치통 ⑧ professor, 교수 ⑨ university, 대학교 ⑩ wait for, ~을 기다리다

B ① jogging outside ② eating, restaurant ③ blow my nose ④ like the dessert
⑤ planting, flowers ⑥ for a living ⑦ What time, meet tomorrow

TEST 03

01 ④ 02 ③ 03 ② 04 ① 05 ③ 06 ④ 07 ② 08 ①
09 ④ 10 ① 11 ① 12 ② 13 ③ 14 ② 15 ③

	문제 및 정답	받아쓰기 및 녹음내용	해석
01	다음 두 번 들려주는 단어를 듣고, 알맞은 단어를 고르세요. ① sank ② thick ③ tank ④ thank ✓	thank thank	감사하다 **thank** 감사하다 **sank** sink(가라앉다)의 과거형 **thick** 두꺼운 **tank** 수조; 전차
02	다음을 듣고, 빈칸에 알맞은 것을 고르세요. I play _____ with my friends. ① carts ② cars ③ cards ✓ ④ cans	I play cards with my friends.	나는 친구들과 카드놀이를 한다. **play cards** 카드놀이를 하다 **cart** 수레, 카트
03	다음을 듣고, 그림과 일치하는 것을 고르세요. ① ② ✓ ③ ④	① The dog is next to the house. ② The dog is in front of the house. ③ The dog is on the house. ④ The dog is behind the house.	① 개는 집 옆에 있다. ② 개는 집 앞에 있다. ③ 개는 집 위에 있다. ④ 개는 집 뒤에 있다. **in front of** ~ 앞에 **on** ~ 위에 **behind** ~ 뒤에
04	다음을 듣고, 그림과 일치하는 것을 고르세요. ① ✓ ② ③ ④	① Two boys are sneezing. ② Two boys are smiling. ③ Two boys are studying. ④ Two boys are singing.	① 두 남자아이는 재채기하고 있다. ② 두 남자아이는 미소 짓고 있다. ③ 두 남자아이는 공부를 하고 있다. ④ 두 남자아이는 노래하고 있다. **sneeze** 재채기하다 **smile** 미소 짓다 **sing** 노래하다
05	다음을 듣고, 그림과 일치하는 것을 고르세요. ① ② ③ ✓ ④	① It's January 11. ② It's February 1. ③ It's February 11. ④ It's February 12.	① 1월 11일이다. ② 2월 1일이다. ③ 2월 11일이다. ④ 2월 12일이다. **January** 1월 **February** 2월

06	대화를 듣고, 할머니가 태어난 날짜를 고르세요. ① 1940년 7월 13일 ② 1940년 7월 30일 ③ 1943년 7월 13일 ④✓ 1943년 7월 30일	M Mom, when was Grandma born? W She was born on July 30, 1943.	남 엄마, 할머니는 언제 태어나셨어요? 여 할머니는 1943년 7월 30일에 태어나셨단다. grandma 할머니(= grandmother)
07	대화를 듣고, 영화표 가격을 고르세요. ① $13 ②✓ $15 ③ $18 ④ $50	W How much is a movie ticket? M It's 15 dollars.	여 영화표가 얼마인가요? 남 15달러입니다. movie ticket 영화표
08	다음을 듣고, 관계 있는 것을 고르세요. ①✓ job ② art ③ tool ④ company	architect, photographer, artist, nurse, engineer	건축가, 사진작가, 예술가, 간호사, 기술자 architect 건축가 photographer 사진작가 artist 예술가 engineer 기술자 job 직업; 일자리 tool 도구 company 회사
09	질문을 듣고, 가장 알맞은 대답을 고르세요. ① I have no idea. ② Yes, they are very nice. ③ Yes, my brother and sister are busy. ④✓ No, I don't have any brothers or sisters.	Do you have any brothers or sisters?	너는 남자 형제나 여자 형제가 있니? ① 잘 모르겠어. ② 응, 그들은 매우 착해. ③ 응, 내 남동생과 여동생은 바빠. ④ 아니, 나는 남자 형제도 여자 형제도 없어. busy 바쁜
10	대화를 듣고, 두 사람의 관계로 알맞은 것을 고르세요. ①✓ 마트 직원 - 고객 ② 호텔 직원 - 투숙객 ③ 항공사 직원 – 승객 ④ 사우나 직원 – 손님	W Where can I find the soap? M It is in aisle 13. W Thanks. Oh, one more thing. What about ice cream?	여 비누는 어디에서 찾을 수 있나요? 남 그것은 13번 통로에 있습니다. 여 감사해요. 아, 하나 더요. 아이스크림은요? soap 비누 aisle 통로
11	다음을 듣고, 두 사람의 대화가 어색한 것을 고르세요. ①✓ ② ③ ④	① W When is her birthday? 　M My birthday is on June 6. ② W Do you want to rent a car? 　M Yes, I do. ③ W What time do you get to school? 　M I get to school at nine. ④ W Who is he? 　M He is my cousin, Joshua.	① 여 그녀의 생일이 언제지? 　남 내 생일은 6월 6일이야. ② 여 차를 빌리고 싶으세요? 　남 네, 그래요. ③ 여 넌 학교에 몇 시에 도착하니? 　남 난 학교에 9시에 도착해. ④ 여 그는 누구니? 　남 그는 내 사촌 Joshua야. June 6월 rent (돈을 주고) 빌리다 get to ~에 도착하다 cousin 사촌

12	다음을 듣고, 내용과 일치하지 <u>않는</u> 것을 고르세요. ① Kate의 나이는 18세이다. ② Kate는 미국인 친구들과 살고 있다. ✓ ③ Kate는 학교에서 한국어를 배운다. ④ Kate는 한국에 사는 것을 좋아한다.	I'm Kate. I'm from the USA, but I live in Korea with a Korean family now. I am 18 years old. I learn Korean at school. I am happy to live in Korea.	저는 Kate예요. 저는 미국에서 왔지만, 현재는 한국인 가족과 함께 한국에서 살아요. 저는 18살이에요. 저는 학교에서 한국어를 배웁니다. 저는 한국에서 사는 게 행복해요. **learn** 배우다 **Korean** 한국(어)의; 한국어
13	대화를 듣고, 대화 내용과 일치하지 <u>않는</u> 것을 고르세요. ① 여자는 소설책을 찾고 있다. ② 남자와 여자는 점원과 손님 사이다. ③ 남자는 여자에게 책 한 권을 추천했다. ✓ ④ 남자는 계산대에서 지불해 달라고 요청했다.	W Excuse me. I am looking for a novel. M The best-selling novels are here. W Thanks. Can I pay here? M Please pay at the counter.	여 실례합니다. 소설책을 찾고 있는데요. 남 베스트셀러 소설책은 여기 있습니다. 여 감사해요. 여기서 계산할 수 있나요? 남 계산대에서 지불해 주세요. **look for** ~을 찾다 **novel** 소설책 **best-selling** 베스트셀러의, 가장 잘 팔리는 **pay** (돈을) 지불하다 **counter** 계산대
14	대화를 듣고, 두 사람이 대화하는 장소로 가장 알맞은 곳을 고르세요. ① 야구장 ② 영화관 ✓ ③ 도서관 ④ 기차 안	M Excuse me. I can't find my seat. W I'll take you there. M Thanks. W You're welcome. Enjoy the movie.	남 실례합니다. 제 좌석을 찾을 수가 없어서요. 여 제가 좌석으로 데려다 드릴게요. 남 감사합니다. 여 천만에요. 영화 감상 잘 하세요. **seat** 좌석, 자리 **enjoy** 즐기다
15	대화를 듣고, 여자의 마지막 말에 이어질 남자의 말로 알맞은 것을 고르세요. ① It's my mistake. ② I won't do it again. ③ W-I-L-L-I-A-M. ✓ ④ My father's name is William.	W What's your name? M My name is William. W Sorry. Can you spell your name? M W-I-L-L-I-A-M.	여 이름이 뭐죠? 남 제 이름은 William이에요. 여 죄송합니다. 이름의 철자를 말해주시겠어요? 남 W-I-L-L-I-A-M. ① 그건 제 실수예요. ② 다시는 안 그럴게요. ④ 제 아버지 이름은 William입니다. **spell** 철자를 말하다[쓰다] **mistake** 실수

REVIEW TEST   p. 25

A ① busy, 바쁜 ② job, 직업, 일자리 ③ photographer, 사진작가 ④ artist, 예술가 ⑤ rent, (돈을 주고) 빌리다
  ⑥ engineer, 기술자 ⑦ sneeze, 재채기하다 ⑧ architect, 건축가 ⑨ aisle, 통로 ⑩ cousin, 사촌

B ① learn Korean ② pay, counter ③ behind, house ④ movie ticket ⑤ find, soap
  ⑥ find my seat ⑦ looking for, novel

TEST 04

p. 26

| 01 ③ | 02 ④ | 03 ① | 04 ① | 05 ③ | 06 ① | 07 ② | 08 ③ |
| 09 ④ | 10 ④ | 11 ④ | 12 ② | 13 ② | 14 ② | 15 ③ |

	문제 및 정답	받아쓰기 및 녹음내용	해석
01	다음 두 번 들려주는 단어를 듣고, 알맞은 단어를 고르세요. ① peach ② teach ③ beach ✓ ④ reach	beach beach	해변 **beach** 해변 **peach** 복숭아 **teach** 가르치다 **reach** ~에 이르다
02	다음을 듣고, 빈칸에 알맞은 것을 고르세요. I saw a bug in the _____. ① glass ② class ③ gross ④ grass ✓	I saw a bug in the grass.	나는 풀 속에서 벌레를 보았다. **saw** see(보다)의 과거형 **bug** 벌레 **grass** 풀, 잔디 **glass** 유리, 잔 **class** 학급, 수업 **gross** 총, 전체의
03	다음을 듣고, 그림과 일치하는 것을 고르세요. ① ✓ ② ③ ④	① The man is a scientist. ② The man is a doctor. ③ The man is a farmer. ④ The man is a teacher.	① 남자는 과학자이다. ② 남자는 의사이다. ③ 남자는 농부이다. ④ 남자는 교사이다. **scientist** 과학자 **doctor** 의사 **farmer** 농부 **teacher** 교사
04	다음을 듣고, 그림과 일치하는 것을 고르세요. ① ✓ ② ③ ④	① The boy likes to play baseball. ② The boy likes to play basketball. ③ The boy likes to play volleyball. ④ The boy likes to play golf.	① 남자아이는 야구 하는 것을 좋아한다. ② 남자아이는 농구 하는 것을 좋아한다. ③ 남자아이는 배구 하는 것을 좋아한다. ④ 남자아이는 골프 치는 것을 좋아한다. **baseball** 야구 **volleyball** 배구
05	다음을 듣고, 그림과 일치하는 것을 고르세요. ① ② ③ ✓ ④	① It's a quarter after five. ② It's a quarter to five. ③ It's a quarter to six. ④ It's a quarter after six.	① 5시 15분이다. ② 5시 15분 전이다. ③ 6시 15분 전이다. ④ 6시 15분이다.

TEST 04   11

06	대화를 듣고, 여자의 생일을 고르세요. ① 10월 7일 ② 10월 17일 ③ 11월 7일 ④ 11월 17일	M Is today your birthday? W Yes, it is. Today is the 7th of October.	남 오늘이 네 생일이니? 여 응, 맞아. 오늘이 10월 7일이거든. **today** 오늘 **October** 10월
07	대화를 듣고, 남자가 가지고 있는 돈의 액수를 고르세요. ① $2 ② $4 ③ $8 ④ $14	W How much money do you have? M I have four dollars. That's enough to buy some ice cream for both of us.	여 너는 돈을 얼마나 가지고 있니? 남 4달러 있어. 너랑 나랑 아이스크림을 사 먹기에 충분해. **enough** 충분한 **both** 둘 다, 양쪽
08	다음을 듣고, 관계 있는 것을 고르세요. ① 우체국 ② 슈퍼마켓 ③ 식당 ④ 미용실	I want to order a hamburger.	저는 햄버거를 주문하고 싶어요. **order** 주문하다
09	질문을 듣고, 가장 알맞은 대답을 고르세요. ① No, I don't know. ② Yes, this homework is mine. ③ Yes, I have homework to do. ④ No, I understand everything.	Do you have any questions about the homework?	숙제에 대해서 질문이 있니? ① 아니요, 전 모르겠어요. ② 네, 이 숙제는 제 것이에요. ③ 네, 제겐 해야 할 숙제가 있어요. ④ 아니요, 전 다 이해합니다. **question** 질문 **homework** 숙제 **mine** 내 것 **understand** 이해하다 **everything** 모든 것
10	대화를 듣고, 두 사람의 관계로 알맞은 것을 고르세요. ① 심판 - 운동선수 ② 경찰 - 도둑 ③ 선생님 - 학생 ④ 의사 - 환자	M What brings you here today? W I broke my leg. M Can you show me your leg? We need to take an X-ray.	남 오늘 무슨 일로 여기에 오셨나요? 여 제 다리가 부러졌어요. 남 다리를 제게 보여주시겠어요? X-ray 촬영을 해야 해요. **show** 보여주다 **take an X-ray** 엑스레이 촬영을 하다

11	다음을 듣고, 두 사람의 대화가 어색한 것을 고르세요.
	① ② ③ ④
		① W What's the date today?
		  M It's June 1.
		② W Where is my mom?
		  M She is in the bathroom.
		③ W How was your day?
		  M Not bad.
		④ W How do you spell your name?
		  M My name is James.
			① 여 오늘이 며칠이에요?
			  남 6월 1일이에요.
			② 여 엄마는 어디에 계세요?
			  남 화장실에 계시단다.
			③ 여 오늘 하루는 어땠어?
			  남 괜찮았어.
			④ 여 네 이름의 철자를 어떻게 쓰니?
			  남 제 이름은 James예요.
			
			date 날짜 **bathroom** 화장실

#	문제	영문	한글
12	대화를 듣고, 대화 내용과 일치하지 <u>않는</u> 것을 고르세요. ① Jenny는 노란색 드레스를 입고 있다. ✓② Daniel은 파란색 셔츠를 입고 있다. ③ Lisa는 하얀색 블라우스와 검은색 치마를 입고 있다. ④ Jack은 검은색 양복에 넥타이를 매고 있다.	W1 I'm Jenny. I am wearing a yellow dress. M1 I'm Daniel. I am wearing blue jeans and a red shirt. W2 I'm Lisa. I am wearing a white blouse and a black skirt. M2 I'm Jack. I am wearing a black suit and a necktie.	여1 나는 Jenny야. 나는 노란색 드레스를 입고 있어. 남1 나는 Daniel이야. 나는 청바지와 빨간색 셔츠를 입고 있어. 여2 나는 Lisa야. 나는 하얀색 블라우스와 검은색 치마를 입고 있어. 남2 나는 Jack이야. 나는 검은색 정장을 입고 넥타이를 매고 있어. blue jeans 청바지 suit 정장 necktie 넥타이
13	다음을 듣고, 내용과 일치하는 것을 고르세요. ① 우리 집 옆에 나무가 있다. ✓② 교회 앞에 큰 나무가 있다. ③ 교회 안에 개가 있다. ④ 나무 아래에 고양이가 있다.	There's a church next to my house. There's a big tree in front of the church. And there's a dog under the tree.	우리 집 옆에 교회가 있다. 교회 앞에는 큰 나무가 있다. 그리고 나무 아래에는 개 한 마리가 있다. church 교회
14	대화를 듣고, 화장실의 위치를 고르세요. ① 1층 ✓② 2층 ③ 카페 안 ④ 카페 맞은편	W Excuse me. Where is the washroom? M It's on the second floor. It's next to the coffee shop. W Thank you. M You're welcome.	여 실례합니다. 화장실이 어디인가요? 남 2층에 있어요. 카페 옆이에요. 여 고맙습니다. 남 천만에요. washroom 화장실 floor (건물의) 층
15	대화를 듣고, 남자의 마지막 말에 이어질 여자의 말로 알맞은 것을 고르세요. ① I'm not sure. ② Sorry. I can't. ✓③ Nice to meet you, too. ④ I am happy to hear from you.	M Do you live here? W Yes, I do. M I live next door. Nice to meet you. W Nice to meet you, too.	남 여기 사세요? 여 네, 맞아요. 남 저는 옆집에 살아요. 만나서 반가워요. 여 <u>저도 만나서 반가워요.</u> ① 잘 모르겠어요. ② 죄송해요. 전 할 수 없어요. ④ 당신에게 소식을 들어서 기쁘네요. next door 옆집(에)

REVIEW TEST p. 31

A ① suit, 정장 ② both, 둘 다, 양쪽 ③ beach, 해변 ④ scientist, 과학자 ⑤ farmer, 농부
⑥ teacher, 교사 ⑦ volleyball, 배구 ⑧ enough, 충분한 ⑨ bathroom, 화장실 ⑩ understand, 이해하다

B ① bug, grass ② How, spell ③ What brings you ④ questions, homework
⑤ What's the date ⑥ want, order ⑦ wearing blue jeans

TEST 04

TEST 05

p. 32

01 ② 02 ① 03 ① 04 ④ 05 ③ 06 ④ 07 ④ 08 ①
09 ② 10 ③ 11 ① 12 ② 13 ② 14 ③ 15 ②

	문제 및 정답	받아쓰기 및 녹음내용	해석
01	다음 두 번 들려주는 단어를 듣고, 알맞은 단어를 고르세요. ① beds ②✓ bees ③ peace ④ pee	bees bees	벌들 bee 벌 peace 평화 pee 오줌을 누다
02	다음을 듣고, 빈칸에 알맞은 것을 고르세요. Please put this _____ in the box. ①✓ letter ② ladder ③ little ④ later	Please put this letter in the box.	이 편지를 상자에 넣어 주세요. letter 편지 ladder 사다리 little 조금, 약간 later 나중에
03	다음을 듣고, 그림과 일치하는 것을 고르세요. ✓① ② ③ ④	① It is summer. ② It is fall. ③ It is spring. ④ It is winter.	① 여름이다. ② 가을이다. ③ 봄이다. ④ 겨울이다. summer 여름 fall 가을 spring 봄 winter 겨울
04	다음을 듣고, 그림과 일치하는 것을 고르세요. ① ② ③ ✓④	① The girl is playing the violin. ② The girl is playing the piano. ③ The girl is playing the flute. ④ The girl is playing the guitar.	① 여자아이는 바이올린을 연주하고 있다. ② 여자아이는 피아노를 치고 있다. ③ 여자아이는 플루트를 연주하고 있다. ④ 여자아이는 기타를 치고 있다. flute 플루트 guitar 기타
05	다음을 듣고, 그림과 일치하는 것을 고르세요. ① ② ✓③ ④	① The woman is sleeping in the bedroom. ② The woman is cleaning in the living room. ③ The woman is cooking in the kitchen. ④ The woman is cutting grass in the yard.	① 여자는 침실에서 자고 있다. ② 여자는 거실에서 청소하고 있다. ③ 여자는 주방에서 요리를 하고 있다. ④ 여자는 뜰에서 풀을 베고 있다. bedroom 침실 living room 거실 cook 요리하다 kitchen 부엌 cut 자르다, 베다 yard 뜰

06	대화를 듣고, 남자가 사는 곳의 주소를 고르세요. ① 15 Maple Street ② 15 Main Street ③ 27 Maple Street ④ 27 Main Street ✓	M Where do you live now? W I live at 15 Maple Street. What about you? M My address is 27 Main Street.	남 너는 지금 어디에 사니? 여 Maple가 15번지에 살아. 너는? 남 우리집 주소는 Main가 27번지야. **street** 거리, -가 **address** 주소
07	대화를 듣고, 여자가 키우는 반려동물의 수를 고르세요. ① 3 ② 4 ③ 5 ④ 7 ✓	M Do you like pets? W Yes, I do. I have three cats and four dogs.	남 반려동물을 좋아하세요? 여 네, 좋아해요. 전 고양이 세 마리와 개 네 마리를 키워요. **pet** 반려동물
08	다음을 듣고, 관계 있는 것을 고르세요. ① 우체부 ✓ ② 경찰 ③ 택시 운전사 ④ 청소부	I deliver packages every day.	저는 매일 소포를 배달합니다. **deliver** 배달하다 **package** 소포
09	질문을 듣고, 가장 알맞은 대답을 고르세요. ① No, I like it. ② Yes, I'll have some coffee. ✓ ③ Please help yourself. ④ I don't have a drink.	Do you want something to drink?	너 뭐 좀 마실래? ① 아니, 난 그거 좋아. ② 응, 커피 마실래. ③ 마음껏 드세요. ④ 난 음료수가 없어. **something** 어떤 것, 무엇 **drink** 음료수; 마시다
10	대화를 듣고, 두 사람의 관계로 알맞은 것을 고르세요. ① 식당 종업원 - 손님 ② 수의사 - 강아지 주인 ③ 채소 가게 주인 - 손님 ✓ ④ 은행 직원 - 고객	M Hi. Do you have carrots? W Yes, how many do you want? M I want three, please. How much are they?	남 안녕하세요. 당근 있나요? 여 네, 몇 개 드릴까요? 남 세 개 주세요. 얼마예요? **carrot** 당근

11	다음을 듣고, 두 사람의 대화가 **어색한** 것을 고르세요.
	① ✓ ② ③ ④
		① M What are you doing?
		   W I want to cook.
		② M What is your favorite sport?
		   W It's baseball.
		③ W What is your last name?
		   M My last name is Ellis.
		④ W What day is it?
		   M Today is Thursday.
			① 남 너는 뭐 하고 있니?
			   여 나는 요리하고 싶어.
			② 남 네가 가장 좋아하는 스포츠가 뭐니?
			   여 야구야.
			③ 여 당신의 성은 무엇입니까?
			   남 제 성은 Ellis예요.
			④ 여 무슨 요일이지?
			   남 오늘은 목요일이야.
			
			favorite 가장 좋아하는 **last name** (이름의) 성

12	대화를 듣고, 대화 내용과 일치하지 않는 것을 고르세요. ① 여자는 테니스를 치고 싶어 한다. ②✓ 남자는 테니스를 좋아하지만 치는 법은 모른다. ③ 남자는 인라인스케이트 타는 것을 좋아한다. ④ 여자는 남자에게 인라인스케이트를 타러 가자고 제안했다.	W I want to play tennis. Do you like to play tennis, too? M No. I even don't know how to play. But I like in-line skating. W I like it, too. Let's go in-line skating together sometime!	여 나는 테니스를 치고 싶어. 너도 테니스 치는 것을 좋아하니? 남 아니. 나는 치는 법도 몰라. 하지만 인라인스케이트 타는 것은 좋아해. 여 나도 좋아해. 언제 한번 인라인스케이트 타러 같이 가자! •• even ~조차(도) how to ~하는 방법 in-line skate 인라인스케이트를 타다
13	대화를 듣고, 두 사람이 대화 직후에 할 일로 알맞은 것을 고르세요. ① 우산을 빌리러 갈 것이다. ②✓ 우산을 같이 쓰고 갈 것이다. ③ 비를 맞고 집에 갈 것이다. ④ 우산을 사러 갈 것이다.	W It's raining outside. Do you have an umbrella with you? M Yes, what about you? W No, I don't know how I am going to get home. M Don't worry. We can share mine. W Thanks.	여 밖에 비가 오고 있어. 너 우산 가지고 있니? 남 응, 넌? 여 없어, 집에 어떻게 가야 할지 모르겠어. 남 걱정 마. 내 것을 같이 쓰면 돼. 여 고마워. •• umbrella 우산 share 같이 쓰다, 공유하다
14	대화를 듣고, 남자가 구입하려는 것이 무엇인지 고르세요. ① 파란색 스웨터 ② 동생 선물 ③✓ 파란색 셔츠 ④ 엄마 선물	W How can I help you? M I'm looking for a shirt for my friend for his birthday. W How about this blue one? M That's a nice color. I will buy it.	여 무엇을 도와드릴까요? 남 친구의 생일 선물로 셔츠를 찾고 있어요. 여 이 파란색 셔츠는 어때요? 남 멋진 색이네요. 그걸로 살게요.
15	대화를 듣고, 여자의 마지막 말에 이어질 남자의 말로 알맞은 것을 고르세요. ① You're welcome. ②✓ I think so. ③ Get enough sleep. ④ Thank you very much.	W What's the matter? M I don't feel well. W Do you have a cold? M I think so.	여 무슨 일이야? 남 몸이 별로 안 좋아요. 여 감기에 걸렸니? 남 그런 거 같아요. ① 천만에요. ③ 잠을 충분히 자세요. ④ 대단히 감사합니다. •• matter 문제 have a cold 감기에 걸리다

REVIEW TEST p. 37

A ① bee, 벌 ② pet, 반려동물 ③ share, 같이 쓰다, 공유하다 ④ cook, 요리하다 ⑤ letter, 편지
⑥ address, 주소 ⑦ kitchen, 부엌 ⑧ umbrella, 우산 ⑨ bedroom, 침실 ⑩ matter, 문제

B ① feel well ② deliver packages ③ What day ④ favorite sport
⑤ cutting, yard ⑥ playing the guitar ⑦ something to drink

TEST 06 p. 38

01 ③ 02 ③ 03 ④ 04 ① 05 ② 06 ③ 07 ② 08 ④
09 ③ 10 ② 11 ① 12 ③ 13 ① 14 ② 15 ③

	문제 및 정답	받아쓰기 및 녹음내용	해석
01	다음 두 번 들려주는 단어를 듣고, 알맞은 단어를 고르세요. ① cut ② nut ③ but ✓ ④ hut	but but	그러나 but 그러나 nut 견과류 hut 오두막
02	다음을 듣고, 빈칸에 알맞은 것을 고르세요. I _____ home. ① work ② want ③ walk ✓ ④ wake	I walk home.	나는 집에 걸어간다. walk 걷다 work 일하다 wake 깨다, 깨우다
03	다음을 듣고, 그림과 일치하는 것을 고르세요. ① ② ③ ④ ✓	① The girl has black hair. ② The girl has short hair. ③ The girl has curly hair. ④ The girl has long hair.	① 여자아이는 머리가 검은색이다. ② 여자아이는 머리가 짧다. ③ 여자아이는 곱슬머리이다. ④ 여자아이는 머리가 길다. curly 곱슬곱슬한
04	다음을 듣고, 그림과 일치하는 것을 고르세요. ① ✓ ② ③ ④	① The man is painting the fence. ② The man is painting the floor. ③ The man is painting the roof. ④ The man is painting the room.	① 남자는 울타리를 페인트칠하고 있다. ② 남자는 바닥을 페인트칠하고 있다. ③ 남자는 지붕을 페인트칠하고 있다. ④ 남자는 방을 페인트칠하고 있다. paint 페인트칠하다 fence 울타리, 담 floor 바닥 roof 지붕 room 방
05	다음을 듣고, 그림과 일치하는 것을 고르세요. ① ② ✓ ③ ④	① The girl is washing her face. ② The girl is brushing her teeth. ③ The girl is taking a shower. ④ The girl is washing the dishes.	① 여자아이는 세수를 하고 있다. ② 여자아이는 이를 닦고 있다. ③ 여자아이는 샤워를 하고 있다. ④ 여자아이는 설거지를 하고 있다. face 얼굴 brush 닦다 teeth tooth(이)의 복수형 take a shower 샤워하다 wash the dishes 설거지하다

TEST 06   17

06	대화를 듣고, 현재 시각을 고르세요. ① 8시 ② 8시 30분 ③ 9시 ✓ ④ 9시 30분	M Excuse me. Do you have the time? Is it eight o'clock now? W No. It's exactly nine o'clock. M Thank you.	남 실례합니다. 몇 시인지 아시나요? 지금 8시인가요? 여 아니오. 정각 9시예요. 남 감사합니다. **have the time** 몇 시인지 알다　**exactly** 정확히
07	대화를 듣고, 여자의 아들이 몇 살인지 고르세요. ① 8개월　② 18개월 ✓ ③ 8살　　④ 18살	M Your son is so cute. How old is he? W He is 18 months old.	남 당신의 아들이 정말 귀여워요. 몇 살이에요? 여 그는 18개월 됐어요. **son** 아들　**cute** 귀여운　**month** 달, 월
08	다음을 듣고, 관계 있는 것을 고르세요. ① 변호사　② 유튜버 ③ 운동선수　④ 교사 ✓	I teach students at school.	저는 학교에서 학생들을 가르칩니다. **student** 학생
09	질문을 듣고, 가장 알맞은 대답을 고르세요. ① Yes, she is talking now. ② No, I don't like her. ③ I'm sorry. She is out to lunch. ✓ ④ Yes, you may go home with Mary.	May I talk to Mary?	Mary와 통화할 수 있을까요? ① 네, 그녀는 지금 이야기 중이에요. ② 아뇨, 저는 그녀를 좋아하지 않아요. ③ 죄송해요. 그녀는 점심 먹으러 나갔어요. ④ 네, 당신은 Mary와 함께 집에 가셔도 돼요. **May I talk to ~?** ~와 통화할 수 있나요?
10	대화를 듣고, 두 사람의 관계로 알맞은 것을 고르세요. ① 의사 - 환자 ② 자동차 정비사 - 자동차 주인 ✓ ③ 주유소 직원 - 운전자 ④ 택시 운전사 - 승객	W What's the matter with my car? M It has an engine problem. W Really? How long will it take to fix it?	여 제 차에 무슨 문제가 있나요? 남 엔진에 문제가 있네요. 여 정말요? 그걸 고치는 데 얼마나 걸릴까요? **engine** 엔진　**problem** 문제　**take** (시간이) 걸리다　**fix** 고치다, 수리하다
11	다음을 듣고, 두 사람의 대화가 어색한 것을 고르세요. ①　② ✓　③　④	① M Do you like pizza? 　 W Yes, I love it. ② W How do you feel today? 　 M You look good. ③ M Why are you worried? 　 W Because I have a quiz tomorrow. ④ M Can I borrow that pen? 　 W Sure, but please return it.	① 남 피자 좋아하니? 　 여 응, 아주 좋아해. ② 여 너 오늘 기분이 어때? 　 남 너 좋아 보인다. ③ 남 넌 왜 걱정하고 있니? 　 여 내일 시험이 있기 때문이야. ④ 남 그 펜 좀 빌릴 수 있을까? 　 여 물론이죠, 그렇지만 꼭 돌려주세요. **worried** 걱정하는　**because** ~ 때문에　**quiz** 시험　**return** 돌려주다

12	대화를 듣고, 대화 내용과 일치하는 것을 고르세요. ① 남자는 일요일에 캠핑을 간다. ② 남자는 토요일에 친구들을 만난다. ③ 남자는 토요일에 가족과 캠핑을 간다. ✓ ④ 남자는 주말에 친구들과 등산을 간다.	W What are you going to do this weekend? M I'm going to go camping this Saturday. W Are you going with your friends? M No. I'm going with my family.	여 이번 주말에 뭐 할 건가요? 남 전 이번 주 토요일에 캠핑을 갈 거예요. 여 친구들과 갈 건가요? 남 아뇨. 가족과 함께 갈 거예요. weekend 주말 go camping 캠핑 가다
13	대화를 듣고, 여자의 태도로 알맞은 것을 고르세요. ① 관대함 ✓ ② 화남 ③ 소극적임 ④ 무례함	M Mom, I received my grades today. W Oh, let me see them. M They are not so good. W It's okay. You will do a better job the next time.	남 엄마, 저 오늘 성적 받았어요. 여 오, 한번 보자. 남 성적이 별로예요. 여 괜찮아. 다음 번에는 더 잘 할거야. receive 받다 grade 성적 do a good job ~을 잘하다
14	대화를 듣고, 남자의 직업으로 알맞은 것을 고르세요. ① teacher ② waiter ✓ ③ lawyer ④ chef	M Are you ready to order? W Yes, I will have some chicken and a bottle of orange juice. M Is that all? W Yes, that's all.	남 주문할 준비가 되셨나요? 여 네, 치킨과 오렌지 주스 한 병으로 할게요. 남 이게 다인가요? 여 네, 그게 다예요. ready to ~ 할 준비가 된 a bottle of ~ 한 병 lawyer 변호사 chef 요리사
15	대화를 듣고, 남자의 마지막 말에 이어질 여자의 말로 알맞은 것을 고르세요. ① Oh, thank you. ② At six thirty. ③ It lasts for an hour. ✓ ④ He spends six hours.	M What time is your violin lesson? W It's at six o'clock. M How long does it last? W It lasts for an hour.	남 네 바이올린 수업은 몇 시니? 여 6시예요. 남 얼마나 하니? 여 한 시간 해요. ① 오, 고마워요. ② 6시 30분예요. ④ 그는 6시간을 보내요. lesson 수업 hour 한 시간; 시각 spend (시간을) 보내다

REVIEW TEST p. 43

A ① cute, 귀여운 ② grade, 성적 ③ floor, 바닥 ④ fence, 울타리, 담 ⑤ return, 돌려주다
  ⑥ quiz, 시험 ⑦ lesson, 수업 ⑧ receive, 받다 ⑨ weekend, 주말 ⑩ exactly, 정확히

B ① How, feel ② has curly hair ③ have the time ④ ready to order
  ⑤ brushing her teeth ⑥ painting the roof ⑦ How long, take

TEST 07  p. 44

01 ① 02 ① 03 ③ 04 ② 05 ④ 06 ② 07 ③ 08 ③
09 ① 10 ④ 11 ③ 12 ② 13 ③ 14 ④ 15 ②

	문제 및 정답	받아쓰기 및 녹음내용	해석
01	다음 두 번 들려주는 단어를 듣고, 알맞은 단어를 고르세요. ① front ② print ③ frog ④ friend	front front	앞 front (물건·장소의) 앞 print 인쇄하다 frog 개구리
02	다음을 듣고, 빈칸에 알맞은 것을 고르세요. She had a bad _____. ① cold ② cool ③ cord ④ card	She had a bad cold.	그녀는 심한 감기에 걸렸다. bad cold 심한 감기 cord 끈, 줄
03	다음을 듣고, 그림과 일치하는 것을 고르세요. ① ② ③ ④	① People are skating. ② People are dancing. ③ People are shouting. ④ People are fighting.	① 사람들이 스케이트를 타고 있다. ② 사람들이 춤을 추고 있다. ③ 사람들이 소리치고 있다. ④ 사람들이 싸우고 있다. skate 스케이트 타다 shout 소리치다 fight 싸우다
04	다음을 듣고, 그림과 일치하는 것을 고르세요. ① ② ③ ④	① The boy is angry. ② The boy is asleep. ③ The boy is hungry. ④ The boy is thirsty.	① 남자아이는 화가 나 있다. ② 남자아이는 자고 있다. ③ 남자아이는 배가 고프다. ④ 남자아이는 목이 마르다. asleep 자고 있는 thirsty 목마른
05	다음을 듣고, 그림과 일치하는 것을 고르세요. ① ② ③ ④	① There are books in the room. ② There is a ball in the room. ③ There is a bed in the room. ④ There is a chair in the room.	① 방에 책들이 있다. ② 방에 공이 있다. ③ 방에 침대가 있다. ④ 방에 의자가 있다. chair 의자

06	대화를 듣고, 개학 날짜를 고르세요. ① 2월 3일　② 3월 3일 ✓ ③ 3월 13일　④ 4월 3일	W When does school start this year? M It starts on March 3.	여 올해 개학일이 언제야? 남 개학일은 3월 3일이야. •• March 3월
07	대화를 듣고, 두 사람이 주문할 피자의 가격을 고르세요. ① $8 ② $12 ③ $20 ✓ ④ $28	M Let's get some pizza. W That's a good idea. Let's get eight slices. M Then how much will that be? W It will be 20 dollars.	남 우리 피자 먹자. 여 좋은 생각이야. 8조각짜리 먹자. 남 그럼 가격이 얼마나 될까? 여 20달러일 거야. •• slice 조각
08	다음을 듣고, 관계 있는 것을 고르세요. ① holiday　② weather ③ season ✓　④ month	spring, summer, autumn, winter	봄, 여름, 가을, 겨울 •• holiday 휴일　season 계절
09	질문을 듣고, 가장 알맞은 대답을 고르세요. ① Yes, it's just across the street. ✓ ② No, it takes only 5 minutes. ③ Yes, I live near here. ④ No, it is not a big bank.	Is there a bank near here?	이 근처에 은행이 있습니까? ① 네, 바로 길 건너편에 있어요. ② 아뇨, 5분 밖에 안 걸려요. ③ 네, 전 이 근처에 살아요. ④ 아뇨, 그곳은 큰 은행은 아니에요. •• bank 은행　near 가까운　across ~건너편에, 맞은편에
10	대화를 듣고, 두 사람의 관계로 알맞은 것을 고르세요. ① 의사 - 환자 ② 교사 - 학부모 ③ 승무원 - 승객 ④ 새 이웃 - 동네 주민 ✓	W Hi. We just moved here a few days ago. M Oh, nice to meet you. W Nice to meet you, too. How long have you lived here? M We have lived here for 10 years.	여 안녕하세요. 저희는 며칠 전에 이곳으로 이사 왔어요. 남 아, 만나서 반갑습니다. 여 저도 만나서 반갑습니다. 이곳에서 얼마나 오래 사셨어요? 남 저희는 이곳에서 10년 동안 살았어요. •• move 이사하다　ago 전에
11	다음을 듣고, 두 사람의 대화가 어색한 것을 고르세요. ①　②　③ ✓　④	① M How are you today? 　W Good. What about you? ② M I have a headache. 　W Why don't you get some rest? ③ W What does your father do? 　M He is cleaning the house. ④ W What time do you go to school? 　M I go to school at around 9 a.m.	① 남 오늘 기분이 어때요? 　여 좋아요. 당신은요? ② 남 저 머리가 아파요. 　여 좀 쉬는 게 어때요? ③ 여 네 아버지는 무슨 일을 하시니? 　남 아버지는 집을 청소하고 계세요. ④ 여 넌 몇 시에 학교에 가니? 　남 난 오전 9시쯤에 학교에 가. •• headache 두통　rest 휴식　around ~쯤, 대략

12	대화를 듣고, 대화 내용과 일치하는 것을 고르세요. ① 남자는 오늘 몸 상태가 좋다. ✓② 남자는 어제 등산을 했다. ③ 남자는 어제 늦게 잠들어서 피곤하다. ④ 남자는 오늘 남동생과 등산을 간다.	M I'm really <u>tired</u> today. W Why? Did you <u>go</u> <u>to</u> <u>bed</u> late last night? M No, I <u>climbed</u> a mountain with my brother yesterday.	남 저는 오늘 정말로 피곤해요. 여 왜요? 어젯밤에 늦게 잤나요? 남 아뇨, 저는 어제 남동생과 함께 등산을 했어요. **tired** 피곤한 **go to bed** 자다 **climb** (산에) 오르다
13	대화를 듣고, 남자가 지금 하고 있는 일로 알맞은 것을 고르세요. ① 요리책 보기 ② 점심 먹기 ✓③ 음식 만들기 ④ TV 시청	W <u>What</u> are you <u>doing</u>? M I'm <u>cooking</u>. W What are you cooking? M Some <u>fried rice</u>. W It looks good. <u>Can I</u> have some? M Sure.	여 너 뭐 하는 중이니? 남 요리하고 있어. 여 뭘 요리하고 있는데? 남 볶음밥. 여 맛있겠다. 좀 먹어도 돼? 남 그럼. **fried rice** 볶음밥
14	대화를 듣고, 여자가 오늘 할 일로 알맞은 것을 고르세요. ① 산책하기 ② 수영장 가기 ③ 친구와 쇼핑하기 ✓④ 엄마와 쇼핑하기	M I am going to the <u>swimming pool</u> today. Do you want to go? W No, I am <u>going</u> <u>shopping</u> with my mom. M Well, then let's go <u>together</u> the <u>next</u> <u>time</u>.	남 난 오늘 수영장에 갈 거야. 너도 갈래? 여 아니, 난 엄마와 쇼핑을 갈 거야. 남 음, 그럼 다음 번에 같이 가자.
15	대화를 듣고, 남자의 마지막 말에 이어질 여자의 말로 알맞은 것을 고르세요. ① I didn't finish it. ✓② It starts in five minutes. ③ I don't want to see a movie. ④ It will start next Monday.	M Hi, Jenny. Am I late? W No, but we <u>have</u> <u>to</u> <u>hurry</u>. M When does the <u>concert</u> <u>start</u>? W <u>It starts in five minutes.</u>	남 안녕, Jenny. 나 늦었니? 여 아니, 그렇지만 우리는 서둘러야 해. 남 콘서트가 언제 시작하지? 여 <u>5분 후에 시작해.</u> ① 나는 그것을 끝내지 못했어. ③ 나는 영화를 보고 싶지 않아. ④ 그건 다음 주 월요일에 시작할 거야. **have to** ~해야 하다 **hurry** 서두르다 **finish** 끝내다, 마치다

REVIEW TEST p. 49

A ① bank, 은행 ② front, (물건·장소의) 앞 ③ slice, 조각 ④ shout, 소리치다 ⑤ fight, 싸우다 ⑥ print, 인쇄하다 ⑦ thirsty, 목마른 ⑧ asleep, 자고 있는 ⑨ headache, 두통 ⑩ holiday, 휴일

B ① bad cold ② really tired ③ does, concert start ④ climbed, mountain ⑤ have to hurry ⑥ get some rest ⑦ go to bed late

TEST 08   p. 50

01 ① 02 ③ 03 ② 04 ① 05 ③ 06 ② 07 ② 08 ②
09 ③ 10 ③ 11 ① 12 ④ 13 ④ 14 ③ 15 ④

	문제 및 정답	받아쓰기 및 녹음내용	해석
01	다음 두 번 들려주는 단어를 듣고, 알맞은 단어를 고르세요. ① fine ② vine ③ pine ④ find	fine fine	좋은 fine 좋은 vine 덩굴 식물 pine 소나무
02	다음을 듣고, 빈칸에 알맞은 것을 고르세요. Jane lives in a _____ apartment. ① smell ② smile ③ small ④ smart	Jane lives in a small apartment.	Jane은 작은 아파트에 산다. apartment 아파트 smell (~의) 냄새가 나다 smart 영리한, 재치 있는
03	다음을 듣고, 그림과 일치하는 것을 고르세요.	① The man is cleaning the window. ② The man is closing the window. ③ The man is breaking the window. ④ The man is painting the window.	① 남자는 창문을 닦고 있다. ② 남자는 창문을 닫고 있다. ③ 남자는 창문을 깨고 있다. ④ 남자는 창문에 페인트칠을 하고 있다. window 창문 close 닫다
04	다음을 듣고, 그림과 일치하는 것을 고르세요.	① The girl has a book. ② The girl has an umbrella. ③ The girl has blond hair. ④ The girl has a soccer ball.	① 여자아이는 책을 가지고 있다. ② 여자아이는 우산을 가지고 있다. ③ 여자아이는 금발 머리이다. ④ 여자아이는 축구공을 가지고 있다. blond (머리가) 금발인 soccer ball 축구공
05	다음을 듣고, 그림과 일치하는 것을 고르세요.	① The man is wearing a tie. ② The woman is wearing a blue dress. ③ The man is wearing glasses. ④ The woman is wearing pants.	① 남자는 넥타이를 매고 있다. ② 여자는 파란색 드레스를 입고 있다. ③ 남자는 안경을 쓰고 있다. ④ 여자는 바지를 입고 있다. tie 넥타이 glasses 안경 pants 바지

TEST 08

06	대화를 듣고, 남자가 언제부터 피아노를 치기 시작했는지 고르세요. ① 6년 전부터 ②✓ 6살 때부터 ③ 16살 때부터 ④ 60개월 전부터	W What are your hobbies? M I like to play the piano in my free time. W Wow! When did you start playing the piano? M I started playing the piano when I was six years old.	여 취미가 뭐예요? 남 저는 여가 시간에 피아노를 치는 것을 좋아해요. 여 와! 언제부터 피아노를 치기 시작했나요? 남 6살 때 피아노를 치기 시작했어요. free time 여가 시간
07	대화를 듣고, 여자가 피자를 가지러 갈 시각을 고르세요. ① 3시 ②✓ 3시 30분 ③ 4시 ④ 4시 30분	W Hello. I would like to order a vegetable pizza. M Sure. What size? W Large, please. It is 3 o'clock now. Will it be ready within 30 minutes? M Yes. W Good. I'll pick it up in 30 minutes.	여 여보세요. 채소 피자를 주문하고 싶은데요. 남 네. 어떤 사이즈요? 여 큰 것으로 부탁드려요. 지금 3시인데요. 30분 이내로 준비될까요? 남 그럼요. 여 좋습니다. 30분 후에 가지러 갈게요. would like to ~하고 싶다 vegetable 채소 large 큰 within ~ 이내로 pick up ~을 찾아오다
08	다음을 듣고, 관계 있는 것을 고르세요. ① 학교 ②✓ 병원 ③ 약국 ④ 우체국	Nurses work here.	간호사들이 여기에서 일합니다.
09	질문을 듣고, 가장 알맞은 대답을 고르세요. ① I was happy. ② You're right. ③✓ It was exciting. ④ It was very comfortable.	What do you think of the movie?	너는 그 영화에 대해서 어떻게 생각하니? ① 나는 행복했어. ② 네 말이 맞아. ③ 그것은 흥미진진했어. ④ 그것은 아주 편안했어. exciting 신나는, 흥미진진한 comfortable 편안한
10	대화를 듣고, 두 사람의 관계로 알맞은 것을 고르세요. ① 은행원 - 고객 ② 호텔 직원 - 투숙객 ③✓ 식당 종업원 - 손님 ④ 방송국 직원 - 가수	M Excuse me. May I get a refill on my drink? W Sure. M Can I have some water, too? W Yes, I'll be right back.	남 실례합니다. 음료수 리필 좀 할 수 있을까요? 여 물론이죠. 남 물도 좀 주시겠어요? 여 네, 곧 갖다 드릴게요. refill 리필(다시 채운 것) right 곧바로, 즉시

11

다음을 듣고, 두 사람의 대화가 어색한 것을 고르세요.

① ② ③✓ ④

① M Wow, it's really cold today.
　W Let's stay home today.
② W What's your hobby?
　M My hobby is playing computer games.
③ M Where do you live?
　W I want to live in Busan.
④ W Do you want to go outside?
　M Yes, let's go to the park.

① 남 와, 오늘 정말 춥다.
　여 우리 오늘은 집에 있자.
② 여 네 취미가 뭐니?
　남 내 취미는 컴퓨터 게임을 하는 거야.
③ 남 어디에 살아요?
　여 전 부산에 살고 싶어요.
④ 여 너는 밖에 나가고 싶니?
　남 응, 우리 공원에 가자.

stay 계속 있다, 머무르다　**park** 공원

12

대화를 듣고, 대화 내용과 일치하는 것을 고르세요.

① 여자는 겨울을 싫어한다.
② 여자는 스키를 좋아한다.
③ 남자는 모든 계절을 좋아한다.
④✓ 남자는 겨울 스포츠를 좋아한다.

M Which season do you like?
W I like all seasons. What about you?
M I like winter. Because I like winter sports like skiing, skating, and snowboarding.

남 너는 어느 계절을 좋아하니?
여 나는 모든 계절이 좋아. 넌?
남 난 겨울이 좋아. 왜냐하면 난 스키, 스케이트, 스노보드와 같은 겨울 스포츠를 좋아하거든.

skiing 스키 (타기)　**skating** 스케이트 (타기)
snowboarding 스노보드 (타기)

13

대화를 듣고, 대화 내용과 일치하지 않는 것을 고르세요.

① 여자의 여동생은 감기에 걸렸다.
② 여자는 항상 여동생과 같이 학교에 간다.
③ 여자의 여동생은 집에서 쉬고 있다.
④✓ 여자는 오늘 여동생과 함께 학교에 지각했다.

M Where is your sister? You always go to school with her.
W She has a cold. So she is staying home today.
M That's too bad.

남 네 여동생은 어디 있니? 넌 항상 여동생과 같이 학교에 가잖아.
여 여동생은 감기에 걸렸어. 그래서 오늘 집에서 쉬고 있어.
남 저런 안됐다.

always 항상, 언제나　**have a cold** 감기에 걸리다

14

대화를 듣고, 두 사람이 대화하는 장소로 가장 알맞은 곳을 고르세요.

① 식당
② 동물 병원
③✓ 동물원
④ 슈퍼마켓

M Mom, look at the sheep over there.
W Oh, they're very cute!
M Can I give them some food?
W Of course. Let's buy some grass.

남 엄마, 저기에 양들 좀 보세요.
여 오, 아주 귀엽구나!
남 먹이 좀 줘도 되나요?
여 물론이지. 풀을 좀 사자.

sheep 양　**over there** 저쪽에

TEST 08

15 대화를 듣고, 여자의 마지막 말에 이어질 남자의 말로 알맞은 것을 고르세요.

① She's reading a book.
② There are 15 dollars.
③ She is very busy.
④ She's a news reporter. ✓

W Who's that <u>over there</u>?
M She's <u>my aunt</u>.
W Wow! She's <u>beautiful</u>. What <u>does she do</u>?
M <u>She's a news reporter.</u>

여 저기 저분은 누구야?
남 우리 이모야.
여 와! 아름다우시다. 무슨 일을 하시니?
남 <u>이모는 뉴스 기자셔.</u>

① 그녀는 책을 읽고 있어.
② 15달러가 있어.
③ 그녀는 매우 바빠.

aunt 이모, 고모 **beautiful** 아름다운
reporter 기자, 리포터

REVIEW TEST p. 55

A
① park, 공원 ② fine, 좋은 ③ pants, 바지 ④ blond, (머리가) 금발인
⑤ glasses, 안경 ⑥ always, 항상, 언제나 ⑦ within, ~ 이내로 ⑧ aunt, 이모, 고모
⑨ exciting, 신나는, 흥미진진한 ⑩ comfortable, 편안한

B
① news reporter ② stay home ③ wearing glasses
④ order, vegetable pizza ⑤ closing the window ⑥ refill on, drink
⑦ play, free time

TEST 09 p.56

01 ④ 02 ① 03 ② 04 ① 05 ② 06 ② 07 ③ 08 ①
09 ③ 10 ② 11 ④ 12 ① 13 ② 14 ③ 15 ③

	문제 및 정답	받아쓰기 및 녹음내용	해석
01	다음 두 번 들려주는 단어를 듣고, 알맞은 단어를 고르세요. ① pour ② full ③ fool ④ pool ✓	pool pool	물 웅덩이 **pool** 물 웅덩이; 수영장 **pour** 붓다, 따르다 **full** 가득 찬 **fool** 바보
02	다음을 듣고, 빈칸에 알맞은 것을 고르세요. This one is _____. ① better ✓ ② bitter ③ batter ④ butter	This one is better.	이것이 더 낫다. **better** 더 좋은[나은] **bitter** 맛이 쓴 **batter** 세게 두드리다 **butter** 버터
03	다음을 듣고, 그림과 일치하는 것을 고르세요. ① ② ✓ ③ ④	① The man is a soldier. ② The man is a fisherman. ③ The man is a farmer. ④ The man is a firefighter.	① 남자는 군인이다. ② 남자는 어부이다. ③ 남자는 농부이다. ④ 남자는 소방관이다. **soldier** 군인 **fisherman** 어부 **farmer** 농부 **firefighter** 소방관
04	다음을 듣고, 그림과 일치하는 것을 고르세요. ① ✓ ② ③ ④	① The man is sleeping on the bench. ② The man is sitting on the bench. ③ The man is standing on the bench. ④ The man is spreading a newspaper on the bench.	① 남자가 벤치 위에서 자고 있다. ② 남자가 벤치 위에 앉아 있다. ③ 남자가 벤치 위에 서 있다. ④ 남자가 벤치 위에 신문지를 깔고 있다. **bench** 벤치, 긴 의자 **spread** 깔다, 펼치다 **newspaper** 신문

TEST 09 27

05 다음을 듣고, 그림과 일치하는 것을 고르세요.

① ②✓ ③ ④

① The woman is buying a phone.
② The woman is talking on the phone.
③ The woman is selling a phone.
④ The woman is wiping the phone.

① 여자는 전화기를 사고 있다.
② 여자는 전화 통화를 하고 있다.
③ 여자는 전화기를 팔고 있다.
④ 여자는 전화기를 닦고 있다.

phone 전화기　**sell** 팔다　**wipe** 닦다

---

06 대화를 듣고, 남자가 필요한 돈의 액수를 고르세요.

① 10센트　②✓ 25센트
③ 50센트　④ 1달러

M Do you have some coins?
W How much do you need?
M A quarter.

남 너는 동전을 좀 가지고 있니?
여 얼마나 필요해?
남 25센트.

coin 동전　**quarter** 25센트

---

07 대화를 듣고, 여자가 시청하고 싶어 하는 것이 무엇인지 고르세요.

① 뉴스
② 채널 6
③✓ 만화 영화
④ 드라마

W What are you watching?
M Channel 6 news. Why?
W I want to watch a cartoon. It is on channel 9.
M Okay.

여 뭘 시청하고 계세요?
남 채널 6에서 하는 뉴스를 본단다. 왜 그러니?
여 전 만화 영화를 보고 싶어요. 채널 9에서 해요.
남 알았어.

cartoon 만화; 만화 영화

---

08 다음을 듣고, 관계 있는 것을 고르세요.

①✓ 식당　② 스포츠
③ 가수　④ 영화배우

He is a famous cook.

그는 유명한 요리사입니다.

famous 유명한　**cook** 요리사

---

09 질문을 듣고, 가장 알맞은 대답을 고르세요.

① I'm sad.
② It's up to you.
③✓ So am I.
④ I'm waiting for you.

I'm very happy to see you.

널 보게 돼서 매우 기뻐.
① 난 슬퍼.
② 그건 너에게 달렸어.
③ 나도 그래.
④ 내가 널 기다리고 있어.

be up to ~에게 달려 있다, ~가 할 일이다

10 대화를 듣고, 두 사람의 관계로 알맞은 것을 고르세요.

① 의사 - 환자
② 엄마 - 아들 ✓
③ 선생님 - 학생
④ TV 쇼 진행자 - 방청객

W Andy, it's time for bed. It's 10 now.
M But I haven't finished watching the TV show!
W I know, but you have to go to school tomorrow morning.

여 Andy, 잠잘 시간이야. 지금 10시란다.
남 그렇지만 전 TV 쇼를 다 못 봤어요!
여 알고 있어, 하지만 넌 내일 아침에 학교에 가야 하잖니.

---

11 다음을 듣고, 두 사람의 대화가 어색한 것을 고르세요.

① ② ③ ④✓

① W I'm so hungry.
　 M Let's order some fried chicken.
② W What are you going to do this afternoon?
　 M I'm going to ride a bicycle with my friend.
③ M Is it cold today?
　 W I don't think so.
④ M This is for you!
　 W He is very nice.

① 여 나 정말 배고파.
　 남 프라이드 치킨을 좀 주문하자.
② 여 넌 오늘 오후에 뭐 할 거니?
　 남 나는 친구랑 자전거를 탈 거야.
③ 남 오늘 춥니?
　 여 그렇지 않은 것 같아.
④ 남 이건 널 위한 거야!
　 여 그는 매우 좋은 사람이야.

fried chicken 프라이드 치킨
ride (자전거·오토바이 등을) 타다

---

12 다음을 듣고, 내용과 일치하는 것을 고르세요.

① Sam은 Mina의 생일 파티에 초대받았다. ✓
② Mina의 생일 파티는 토요일에 열린다.
③ Sam은 생일 파티에 가고 싶어 하지 않는다.
④ Sam은 토요일에 조부모님 댁에 방문하기로 했다.

Mina invited Sam to her birthday party. It is on Sunday. Sam really wants to go to the party, but he can't. He has to visit his grandparents on that day.

Mina는 Sam을 자신의 생일 파티에 초대했다. 파티는 일요일이다. Sam은 파티에 정말로 가고 싶지만 그럴 수가 없다. 그는 그날 조부모님을 방문해야 한다.

invite 초대하다　**visit** 방문하다
grandparents 조부모

---

13 대화를 듣고, 여자에 대한 남자의 심정으로 알맞은 것을 고르세요.

① 미워함　② 고마워함 ✓
③ 좋아함　④ 귀찮아함

M Thank you for helping me with my homework.
W It's no problem. I had nothing to do today.
M If you need any help, please let me know.

남 내 숙제를 도와줘서 고마워.
여 괜찮아. 오늘 할 일도 없었어.
남 도움이 필요하면, 내게 꼭 알려 줘.

nothing 아무것도 ~ 없음　**help** 도움

14 대화를 듣고, 소풍을 취소해야 하는 이유를 고르세요.

① 남자가 가기 싫어해서
② 비가 많이 와서
③ 바람이 많이 불어서 ✓
④ 남자가 아파서

M We have to cancel our picnic tomorrow.
W Why? I was so excited.
M It is not going to rain, but it will be very windy.

남 우리 내일 소풍 가는 거 취소해야 해.
여 왜? 난 아주 들떠 있었는데.
남 비는 안 오겠지만, 바람이 매우 많이 불 거야.

•• cancel 취소하다 picnic 소풍 excited 들뜬, 흥분한 windy 바람이 많이 부는

15 대화를 듣고, 여자의 마지막 말에 이어질 남자의 말로 알맞은 것을 고르세요.

① Yes, he did.
② He is playing soccer now.
③ He's wearing glasses. ✓
④ He likes to wear a cap.

W What does Joshua look like?
M He is tall and has curly hair.
W What is he wearing?
M He's wearing glasses.

여 Joshua는 어떻게 생겼니?
남 키가 크고 곱슬 머리야.
여 그 애는 뭘 착용하고 있니?
남 안경을 쓰고 있어.

① 응, 맞아.
② 그는 지금 축구를 하고 있어.
④ 그는 모자 쓰는 것을 좋아해.

•• tall 키가 큰 cap 모자

REVIEW TEST p. 61

A
① sell, 팔다 ② wipe, 닦다 ③ coin, 동전 ④ soldier, 군인
⑤ windy, 바람이 많이 부는 ⑥ famous, 유명한 ⑦ cancel, 취소하다
⑧ spread, 깔다, 펼치다 ⑨ cartoon, 만화; 만화 영화 ⑩ newspaper, 신문

B
① talking on ② nothing to do ③ invited, birthday party
④ visit his grandparents ⑤ ride a bicycle ⑥ sleeping on the bench
⑦ cancel our picnic

TEST 10 p. 62

01 ② 02 ③ 03 ③ 04 ④ 05 ① 06 ① 07 ② 08 ②
09 ③ 10 ④ 11 ② 12 ③ 13 ① 14 ④ 15 ③

	문제 및 정답	받아쓰기 및 녹음내용	해석
01	다음 두 번 들려주는 단어를 듣고, 알맞은 단어를 고르세요. ① sick ② thick ✓ ③ kick ④ trick	thick thick	두꺼운 thick 두꺼운 sick 아픈 kick (발로) 차다 trick 속임수
02	다음을 듣고, 빈칸에 알맞은 것을 고르세요. There is a _____ in the bathroom. ① clerk ② click ③ clock ✓ ④ clip	There is a clock in the bathroom.	화장실에 시계가 있다. clock 시계 clerk 점원 click (마우스를) 클릭함; 찰칵 소리 clip 핀, 클립
03	다음을 듣고, 그림과 일치하는 것을 고르세요. ① ② ③ ✓ ④	① The man is cooking. ② The man is walking. ③ The man is writing. ④ The man is running.	① 남자는 요리하고 있다. ② 남자는 걷고 있다. ③ 남자는 글을 쓰고 있다. ④ 남자는 달리고 있다. write 쓰다 run 달리다
04	다음을 듣고, 그림과 일치하는 것을 고르세요. ① ② ③ ④ ✓	① There are two apples in the refrigerator. ② There are four watermelons in the refrigerator. ③ There are three oranges in the refrigerator. ④ There are five strawberries in the refrigerator.	① 냉장고 안에 사과 두 개가 있다. ② 냉장고 안에 수박 네 개가 있다. ③ 냉장고 안에 오렌지 세 개가 있다. ④ 냉장고 안에 딸기 다섯 개가 있다. refrigerator 냉장고 watermelon 수박 strawberry 딸기
05	다음을 듣고, 그림과 일치하는 것을 고르세요. ① ✓ ② ③ ④	① The girl is holding the dog's leash. ② The girl is washing the dog in the bathroom. ③ The girl is feeding the dog in the kitchen. ④ The girl is brushing the dog's hair.	① 여자아이가 개의 목줄을 잡고 있다. ② 여자아이가 욕실에서 개를 씻기고 있다. ③ 여자아이가 주방에서 개에게 먹이를 주고 있다. ④ 여자아이가 개의 털을 빗겨 주고 있다. hold 잡고 있다 leash (개 등을 매어 두는) 줄, 끈 feed 먹이를 주다

TEST 10

06 대화를 듣고, 여자가 가리키는 표지판으로 알맞은 것을 고르세요.

① (금연) ✓
② (차량 금지)
③ (STOP)
④ (휴대폰 금지)

W Look at this. You can't smoke in this building.
M Oh, I'm sorry. I didn't see the sign.

여 이걸 보세요. 당신은 이 건물에서 담배를 피울 수 없어요.
남 아, 죄송합니다. 제가 표지판을 보지 못했네요.

smoke 담배를 피우다　**building** 건물
sign 표지판, 간판

---

07 대화를 듣고, 두 사람이 구입할 우산의 가격을 고르세요.

① $13
② $15 ✓
③ $30
④ $50

M Let's buy that big umbrella.
W How much is it?
M It's 30 dollars.
W It's expensive. Then let's get this one. It's half the price.
M Okay.

남 저 큰 우산을 사자.
여 얼마인데?
남 30달러야.
여 비싸네. 그럼 이것으로 하자. 이건 절반 가격이야.
남 좋아.

expensive 비싼　**half** 절반　**price** 가격

---

08 다음을 듣고, 관계 있는 것을 고르세요.

① 슈퍼마켓
② 병원 ✓
③ 호텔
④ 박물관

I have a stomachache.

저는 배가 아파요.

stomachache 복통

---

09 질문을 듣고, 가장 알맞은 대답을 고르세요.

① You are right.
② Talk to me tomorrow.
③ Sure. Why not? ✓
④ Don't worry about it.

Can I see you tomorrow night?

내일 밤에 당신을 볼 수 있을까요?
① 당신 말이 맞아요.
② 내일 나에게 말해요.
③ 물론이죠. 좋아요.
④ 그것에 대해서 걱정하지 마.

Why not? (요청을 수락하여) 왜 안되겠니?, 좋아

---

10 대화를 듣고, 두 사람의 관계로 알맞은 것을 고르세요.

① 빵 가게 주인 – 손님
② 세관원 – 탑승객
③ 관광 가이드 – 여행객
④ 항공사 직원 – 탑승객 ✓

W Would you like a window or aisle seat?
M I want an aisle seat.
W All right. Here are your passport and boarding pass.

여 창문 쪽 좌석을 원하세요, 아니면 통로 쪽 좌석을 원하세요?
남 통로 쪽 좌석을 원합니다.
여 좋습니다. 당신의 여권과 탑승권이 여기 있습니다.

passport 여권　**boarding pass** 탑승권

11

다음을 듣고, 두 사람의 대화가 어색한 것을 고르세요.

① ②✓ ③ ④

① W What time is it now?
　 M It's 5:20.
② M I don't like rainy days.
　 W I like it, too.
③ W What do you do on weekends?
　 M I play tennis with my dad.
④ M I am so tired now.
　 W Why don't you take a nap?

① 여 지금 몇 시야?
　 남 5시 20분이야.
② 남 난 비 오는 날이 싫어.
　 여 나도 그걸 좋아해.
③ 여 너는 주말마다 뭐 하니?
　 남 난 아빠와 테니스를 쳐.
④ 남 나 지금 매우 피곤해.
　 여 낮잠을 좀 자는 게 어때?

rainy 비가 오는　take a nap 낮잠을 자다

12

대화를 듣고, 대화 내용과 일치하는 것을 고르세요.

① Peter는 뉴욕에서 왔다.
② Jennifer는 프랑스 파리에서 왔다.
③✓ Peter와 Jennifer는 처음 만났다.
④ Jennifer는 프랑스 파리로 여행을 갈 것이다.

M Hello. Nice to meet you. I'm Peter.
W Nice to meet you, too. My name is Jennifer. I'm from New York. Where are you from?
M I'm from Paris, France.
W Oh, really? Please tell me about Paris.

남 안녕하세요. 만나서 반가워요. 저는 Peter예요.
여 저도 만나서 반가워요. 제 이름은 Jennifer예요. 전 뉴욕에서 왔어요. 당신은 어디에서 왔나요?
남 저는 프랑스 파리에서 왔어요.
여 오, 그래요? 파리에 대해 이야기해 주세요.

Paris 파리(프랑스의 수도)　France 프랑스

13

대화를 듣고, 두 사람이 가기로 한 곳을 고르세요.

①✓ 수영장　② 치과
③ 공원　　④ 영화관

M Do you want to go to the swimming pool?
W Yes, I'd love to go. Can we go after 5 p.m.? I have to go to the dentist.
M Sure. I'll wait for you.

남 수영장에 가고 싶니?
여 응, 가고 싶어. 우리 오후 5시 이후에 가도 될까? 나는 치과 가야 하거든.
남 물론이지. 내가 기다릴게.

dentist 치과; 치과 의사

14

다음을 듣고, 내용과 일치하지 않는 것을 고르세요.

① 남자의 형과 Mike는 처음 만났다.
② 남자의 형 이름은 Chris이다.
③ 남자의 형은 고등학생이다.
④✓ 남자의 형과 Mike는 다른 학교에 다닌다.

Hi, Mike. I want to introduce my brother. This is my older brother Chris. He goes to the same high school as you.

안녕, Mike형. 우리 형을 소개해 주고 싶어. 여기는 우리 형, Chris야. 우리 형은 Mike형과 같은 고등학교에 다녀.

introduce 소개하다　older 나이가 더 많은
same 같은

TEST 10　33

15 대화를 듣고, 남자의 마지막 말에 이어질 여자의 말로 알맞은 것을 고르세요.

① I have no time.
② It's five o'clock.
③ Four times a week. ✓
④ All right. Let's go to my house.

M What do you do after work?
W I go to the <u>gym</u> to <u>work</u> <u>out</u>.
M <u>How</u> <u>often</u> do you work out?
W <u>Four times a week.</u>

남 퇴근 후에 뭘 하시나요?
여 운동하러 체육관에 가요.
남 얼마나 자주 운동하시나요?
여 <u>일주일에 네 번 해요.</u>

① 시간이 없어요.
② 5시예요.
④ 좋아요. 우리 집으로 가요.

gym 체육관 **work out** 운동하다
how often 몇 번

REVIEW TEST p. 67

A
❶ half, 절반 ❷ hold, 잡고 있다 ❸ sign, 표지판, 간판 ❹ price, 가격
❺ thick, 두꺼운 ❻ watermelon, 수박 ❼ write, 쓰다 ❽ expensive, 비싼
❾ same, 같은 ❿ introduce, 소개하다

B
❶ a stomachache ❷ smoke, building ❸ feeding, kitchen
❹ take a nap ❺ five strawberries, refrigerator ❻ gym, work out
❼ passport, boarding pass

TEST 11 p.68

01 ① 02 ④ 03 ② 04 ④ 05 ④ 06 ② 07 ③ 08 ①
09 ② 10 ② 11 ① 12 ③ 13 ① 14 ④ 15 ②

	문제 및 정답	받아쓰기 및 녹음내용	해석
01	다음 두 번 들려주는 단어를 듣고, 알맞은 단어를 고르세요. ✓① math ② mess ③ mass ④ match	math math	수학 math 수학 mess 엉망인 상태 mass 덩어리 match 경기, 시합
02	다음을 듣고, 빈칸에 알맞은 것을 고르세요. I don't know how to cook _____ on the stove. ① wish ② ice ③ rich ✓④ rice	I don't know how to cook rice on the stove.	나는 가스레인지에 밥을 짓는 방법을 모른다. rice 쌀 stove (가스) 레인지 wish 소망 ice 얼음 rich 부유한
03	다음을 듣고, 그림과 일치하는 것을 고르세요. ① ✓② ③ ④	① It's a ladybug. ② It's a dragonfly. ③ It's a bee. ④ It's a caterpillar.	① 그것은 무당벌레이다. ② 그것은 잠자리이다. ③ 그것은 벌이다. ④ 그것은 애벌레이다. ladybug 무당벌레 dragonfly 잠자리 caterpillar 애벌레
04	다음을 듣고, 그림과 일치하는 것을 고르세요. ① ② ③ ✓④	① The boy is buying a watermelon. ② The boy is eating a watermelon. ③ The boy is cutting a watermelon. ④ The boy is drawing a watermelon.	① 남자아이는 수박을 사고 있다. ② 남자아이는 수박을 먹고 있다. ③ 남자아이는 수박을 자르고 있다. ④ 남자아이는 수박을 그리고 있다. draw 그리다

TEST 11 35

05 다음을 듣고, 그림과 일치하는 것을 고르세요.

① ② ③ ④✓

① The woman is riding a bicycle.
② The woman is buying a bag.
③ The woman is moving a chair.
④ The woman is holding a bag with both hands.

① 여자는 자전거를 타고 있다.
② 여자는 가방을 사고 있다.
③ 여자는 의자를 옮기고 있다.
④ 여자는 양손으로 가방을 들고 있다.

bicycle 자전거 **move** 옮기다

---

06 대화를 듣고, 여자가 집에 갈 시각을 고르세요.

① 5시
②✓ 5시 10분
③ 6시 10분
④ 10시

M What time are you going home today?
W It's 5 o'clock now. I will go home in 10 minutes.
M Do you want a ride?
W Yes, please. Thank you.

남 오늘 몇 시에 집에 갈 거예요?
여 지금 5시니까요. 10분 후에 집에 갈 거예요.
남 태워다 줄까요?
여 네, 부탁해요. 고마워요.

ride (차에) 태워 주기

---

07 대화를 듣고, 남자가 지불해야 할 금액을 고르세요.

① $5
② $10
③✓ $15
④ $20

M I want to buy two tickets to Busan.
W Two adults?
M No, my son is ten years old.
W Ten dollars for an adult and five dollars for a child.
M Here is the money.

남 부산행 표를 2장 사고 싶습니다.
여 어른 둘이요?
남 아뇨, 제 아들은 10살이에요.
여 어른은 10달러이고, 어린이는 5달러입니다.
남 여기 돈 있습니다.

adult 성인, 어른

---

08 다음을 듣고, 관계 있는 것을 고르세요.

①✓ zoo   ② park
③ subway ④ house

I can see many animals here.

나는 이곳에서 많은 동물들을 볼 수 있다.

animal 동물 **zoo** 동물원 **subway** 지하철

---

09 질문을 듣고, 가장 알맞은 대답을 고르세요.

① I like to swim.
②✓ You look great.
③ She looks like a movie star.
④ He should go on a diet.

How do I look?

나 어때 보이니?
① 난 수영하는 것을 좋아해.
② 너 아주 멋져 보여.
③ 그녀는 영화배우처럼 보여.
④ 그는 다이어트를 시작해야 해.

go on a diet 다이어트를 시작하다

10

대화를 듣고, 두 사람의 관계로 알맞은 것을 고르세요.

① 약사 - 고객
☑② 우체국 직원 - 고객
③ 교사 - 학부모
④ 승무원 - 승객

M I want to send this package.
W Sorry, sir. We are closed for the day.
M Well, I don't have a choice. I'll come back tomorrow.

남 이 소포를 보내고 싶어요.
여 고객님, 죄송합니다. 오늘은 끝났습니다.
남 음, 어쩔 수 없네요. 내일 다시 올게요.

••
send 보내다 closed (업무가) 종료된, 문을 닫은 choice 선택 come back 돌아오다

11

다음을 듣고, 두 사람의 대화가 어색한 것을 고르세요.

☑① ② ③ ④

① W Why were you late for school?
　 M Because I got up early.
② W How often do you go to the gym?
　 M Every day.
③ M May I speak to Sally?
　 W Hold on, please.
④ M It is raining now.
　 W Take an umbrella with you.

① 여 학교에 왜 지각했니?
　 남 일찍 일어났거든요.
② 여 너는 체육관에 얼마나 자주 가니?
　 남 매일 가.
③ 남 Sally와 통화할 수 있을까요?
　 여 잠시만 기다리세요.
④ 남 지금 비가 내리고 있어요.
　 여 우산을 챙겨 가세요.

••
early 일찍 hold on (전화상에서 상대방에게) 기다려라

12

대화를 듣고, 대화 내용과 일치하지 않는 것을 고르세요.

① 엄마는 거실에 있다.
② 아빠는 주방에 있다.
☑③ 엄마는 책을 읽고 있다.
④ 아빠는 설거지를 하고 있다.

M Where are Mom and Dad?
W Mom's in the living room, and Dad's in the kitchen.
M What are they doing?
W Mom's cleaning, and Dad's washing the dishes.

남 엄마와 아빠는 어디에 계셔?
여 엄마는 거실에 계시고, 아빠는 주방에 계셔.
남 두 분은 뭐 하고 계시니?
여 엄마는 청소하고 계시고, 아빠는 설거지를 하고 계셔.

13

대화를 듣고, 대화 내용과 일치하는 것을 고르세요.

☑① Bill은 전화를 받을 수 없다.
② 남자는 여자에게 메시지를 남겼다.
③ Bill은 외출했다.
④ 여자는 남자에게 전화할 것이다.

W Hello?
M Hello. Is Bill there?
W I'm sorry, but Bill is sick in bed. Is there a message?
M No, that's fine. I'll call back later.

여 여보세요?
남 여보세요. Bill이 있나요?
여 미안하지만, Bill은 아파서 누워 있단다. 전할 말이 있니?
남 아뇨, 괜찮아요. 제가 나중에 다시 전화할게요.

••
message 메시지 call back 다시 전화하다

14	대화를 듣고, 남자가 걱정하는 것이 무엇인지 고르세요. ① 개가 아프다. ② 아버지의 건강이 좋지 않다. ③ 친구와의 사이가 멀어졌다. ✓④ 개가 너무 늙고 힘이 없다.	W Are you okay? M I'm worried about my dog. He is very old and weak. W Your dog is still healthy. Don't worry so much.	여 너 괜찮아? 남 내 개가 걱정돼. 너무 늙고 힘이 없어. 여 네 개는 아직 건강해. 너무 걱정하지 마. weak 힘이 없는, 약한 still 아직, 여전히 healthy 건강한
15	대화를 듣고, 여자의 마지막 말에 이어질 남자의 말로 알맞은 것을 고르세요. ① Not really. ✓② Sounds good. ③ How are you? ④ It is clean.	W Welcome home. How about lunch? M Sure, thanks. I'm really hungry. What are we having? W Spaghetti. M Sounds good.	여 어서 와요. 점심 줄까요? 남 네, 고마워요. 정말 배고파요. 우리 뭘 먹죠? 여 스파게티요. 남 좋아요. ① 그렇진 않아요. ③ 어떻게 지내요? ④ 그건 깨끗해요.

REVIEW TEST p. 73

 A ① zoo, 동물원 ② math, 수학 ③ early, 일찍 ④ adult, 성인, 어른
⑤ move, 옮기다 ⑥ healthy, 건강한 ⑦ draw, 그리다
⑧ choice, 선택 ⑨ dragonfly, 잠자리 ⑩ message, 메시지

B ① come back ② old, weak ③ call back later
④ sick in bed ⑤ Take an umbrella ⑥ How often, gym
⑦ cook rice, stove

TEST 12 p. 74

01 ④ 02 ① 03 ③ 04 ② 05 ④ 06 ③ 07 ① 08 ②
09 ④ 10 ③ 11 ② 12 ③ 13 ① 14 ② 15 ②

	문제 및 정답	받아쓰기 및 녹음내용	해석
01	다음 두 번 들려주는 단어를 듣고, 알맞은 단어를 고르세요. ① sheep ② ship ③ chief ④✓ thief	thief thief	도둑 **thief** 도둑 **ship** 배 **chief** (조직·단체의) 장, 우두머리
02	다음을 듣고, 빈칸에 알맞은 것을 고르세요. He took a _____. ①✓ bath ② base ③ boss ④ bed	He <u>took</u> a <u>bath</u>.	그는 목욕을 했다. **bath** 목욕 **base** 기초 **boss** 사장
03	다음을 듣고, 그림과 일치하는 것을 고르세요. ① ② ③✓ ④	① The dog is <u>clean</u>. ② The dog is <u>happy</u>. ③ The dog is <u>dirty</u>. ④ The dog is <u>energetic</u>.	① 개는 깨끗하다. ② 개는 기분이 좋다. ③ 개는 지저분하다. ④ 개는 활동적이다. **clean** 깨끗한 **dirty** 더러운 **energetic** 활동적인
04	다음을 듣고, 그림과 일치하는 것을 고르세요. ① ②✓ ③ ④	① The man <u>looks</u> <u>sad</u>. ② The man looks <u>surprised</u>. ③ The man looks <u>serious</u>. ④ The man looks <u>satisfied</u>.	① 남자는 슬퍼 보인다. ② 남자는 놀란 것처럼 보인다. ③ 남자는 심각해 보인다. ④ 남자는 만족스러워 보인다. **surprised** 놀란 **serious** 심각한, 진지한 **satisfied** 만족한

TEST 12 39

05	다음을 듣고, 그림과 일치하는 것을 고르세요.	① The farmer is crying. ② The dentist is reading. ③ The actor is talking. ④ The police officer is eating.	① 농부가 울고 있다. ② 치과 의사가 책을 읽고 있다. ③ 배우가 말하고 있다. ④ 경찰관이 음식을 먹고 있다. actor 배우 police officer 경찰관
06	대화를 듣고, 여자가 현장 학습을 가는 날짜를 고르세요. ① 5월 9일 ② 5월 10일 ③ 5월 11일 ✓ ④ 6월 10일	M Sarah, are you going on a field trip today? W No, Dad. Today is May 10. The field trip is tomorrow.	남 Sarah, 너 오늘 현장 학습 가지? 여 아뇨, 아빠. 오늘은 5월 10일이에요. 현장 학습은 내일이에요. field trip 현장 학습
07	대화를 듣고, 남자가 여자에게 준 거스름돈이 얼마인지 고르세요. ① $2 ✓ ② $8 ③ $10 ④ $12	M Here is your stop. Eight dollars, please. W Here's 10 dollars. M Here is your change. Have a good day!	남 다 왔습니다. 8달러입니다. 여 여기 10달러입니다. 남 거스름돈 여기 있습니다. 좋은 하루 보내세요! change 거스름돈, 잔돈
08	다음을 듣고, 관계 있는 것을 고르세요. ① 컴퓨터 게임 ② 인터넷 ✓ ③ 공부 ④ 학교	My sister does online shopping.	언니는 온라인 쇼핑을 합니다. online shopping 온라인 쇼핑
09	질문을 듣고, 가장 알맞은 대답을 고르세요. ① That's okay. ② My brother is tall. ③ Yes, I have a girlfriend now. ④ Oh, not much. How about you? ✓	What have you been up to?	너는 어떻게 지냈니? ① 괜찮아. ② 내 남동생은 키가 커. ③ 응, 나는 지금 여자친구가 있어. ④ 오, 그럭저럭 지내. 너는 어때?

10	대화를 듣고, 두 사람의 관계로 알맞은 것을 고르세요. ① 택배 직원 - 고객 ② 우체부 - 집주인 ③ 식당 주인 - 손님 ✓ ④ 카페 주인 - 종업원	M Good evening. How can I help you? W Hi. I want to order two egg sandwiches for delivery. M Sorry. We can't deliver them today. Do you want to come over to the store?	남 안녕하세요. 무엇을 도와 드릴까요? 여 안녕하세요. 계란 샌드위치 두 개를 배달 주문하고 싶은데요. 남 죄송합니다. 오늘은 배달할 수가 없어서요. 가게로 와 주시겠어요? delivery 배달 come over to ~에 들르다 store 상점, 가게
11	다음을 듣고, 두 사람의 대화가 어색한 것을 고르세요. ① ② ✓ ③ ④	① M What's wrong? 　W I have a headache. ② W What a nice day! 　M Long time, no see! ③ M Where are you going? 　W I'm going to the store. ④ W What do you want to eat for lunch? 　M I want to eat noodles.	① 남 무슨 일 있니? 　여 머리가 아파요. ② 여 날씨가 참 좋다! 　남 오랜만이야! ③ 남 어디에 가는 중이니? 　여 가게에 가는 중이에요. ④ 여 점심으로 뭘 먹고 싶나요? 　남 전 국수를 먹고 싶어요. noodle 국수
12	대화를 듣고, 대화 내용과 일치하지 않는 것을 고르세요. ① 여자는 지난 주말에 해변에 갔다. ② 해변에서의 날씨는 나빴다. ③ 토요일 해변의 날씨는 비가 왔다. ✓ ④ 일요일 해변의 날씨는 비가 왔다.	M Where did you go last weekend? W I went to the beach. M How was the weather? W Terrible. It was cold on Saturday, and it rained on Sunday.	남 너는 지난 주말에 어디에 갔었니? 여 난 해변에 갔어. 남 날씨가 어땠어? 여 나빴어. 토요일에는 추웠고, 일요일에는 비가 왔어. went go(가다)의 과거형 terrible 몹시 나쁜, 끔찍한
13	대화를 듣고, 남자의 심정으로 알맞은 것을 고르세요. ① 당황함 ✓ ② 안도감 ③ 미안함 ④ 실망스러움	W Why did you come to school late today? M I got up late. What happened? W We had a math test this morning. M Oh no. I totally forgot about the test.	여 너 오늘 왜 학교에 늦게 왔니? 남 늦게 일어났어. 무슨 일 있었니? 여 우리 오늘 아침에 수학 시험을 봤어. 남 오 이런. 난 시험에 대해서 완전히 까먹고 있었어. totally 완전히, 전혀 forgot forget(잊어버리다)의 과거형

14	대화를 듣고, 남자에 관한 내용으로 일치하는 것을 고르세요. ① TV를 보지 않는다. ② 식사 후에 TV를 본다. ③ TV를 보고 나서 숙제를 한다. ✓ ④ 숙제를 끝내야만 TV를 본다.	M Do you watch TV sometimes? W I do, but only when all of my homework is done. M I watch TV first. Then, I do my homework.	남 너는 가끔 TV를 보니? 여 응, 그렇지만 숙제를 모두 끝냈을 때만. 남 난 TV를 먼저 봐. 그런 다음에 숙제를 해. •• **sometimes** 가끔, 때때로 **first** 맨 먼저, 우선
15	대화를 듣고, 여자의 마지막 말에 이어질 남자의 말로 알맞은 것을 고르세요. ① Oh, I'm full. ② Thanks a lot. ✓ ③ Not this time. ④ No problem.	M Excuse me. W Yes. What can I do for you? M Where's the bank? W Go straight one block, and you will see the bank on your right. M Thanks a lot.	남 실례합니다. 여 네. 무엇을 도와 드릴까요? 남 은행이 어디에 있나요? 여 한 블록을 곧장 가시면, 오른편에 은행이 보이실 거예요. 남 정말 고맙습니다. ① 오, 배불러요. ③ 이번에는 아니에요. ④ 천만에요. •• **straight** 곧장, 일직선으로 **block** (도로로 나뉘는) 구역, 블록 **full** 배가 부른

REVIEW TEST p. 79

 A
① clean, 깨끗한 ② actor, 배우 ③ thief, 도둑 ④ dirty, 더러운
⑤ noodle, 국수 ⑥ surprised, 놀란 ⑦ delivery, 배달 ⑧ totally, 완전히, 전혀
⑨ satisfied, 만족한 ⑩ field trip, 현장 학습

 B
① Here, change ② looks serious ③ police officer
④ is energetic ⑤ took a bath ⑥ Long time, see
⑦ What, up to

TEST 13 p. 80

01 ② 02 ① 03 ④ 04 ② 05 ① 06 ② 07 ③ 08 ②
09 ④ 10 ④ 11 ③ 12 ③ 13 ② 14 ③ 15 ④

	문제 및 정답	받아쓰기 및 녹음내용	해석
01	다음 두 번 들려주는 단어를 듣고, 알맞은 단어를 고르세요. ① loose ② lose ✓ ③ rose ④ lease	lose lose	잃다 **lose** 잃다 **loose** 헐거운, 풀린 **rose** 장미 **lease** 임대하다
02	다음을 듣고, 빈칸에 알맞은 것을 고르세요. She appears to be _____. ① thinking ✓ ② thanking ③ sinking ④ singing	She appears to be thinking.	그녀는 생각하고 있는 것처럼 보인다. **appear** ~처럼 보이다
03	다음을 듣고, 그림과 일치하는 것을 고르세요. ① ② ③ ④ ✓	① The family is at the library. ② The family is at the post office. ③ The family is at the hospital. ④ The family is at the restaurant.	① 가족은 도서관에 있다. ② 가족은 우체국에 있다. ③ 가족은 병원에 있다. ④ 가족은 식당에 있다. **library** 도서관 **post office** 우체국 **hospital** 병원
04	다음을 듣고, 그림과 일치하는 것을 고르세요. ① ② ✓ ③ ④	① It's an elephant. ② It's an ostrich. ③ It's a wolf. ④ It's a turkey.	① 그것은 코끼리이다. ② 그것은 타조이다. ③ 그것은 늑대이다. ④ 그것은 칠면조이다. **elephant** 코끼리 **ostrich** 타조 **wolf** 늑대 **turkey** 칠면조

05	다음을 듣고, 그림과 일치하는 것을 고르세요.	① The boy is singing a song. ② The boy is kicking a ball. ③ The boy is watching a movie. ④ The boy is playing the guitar.	① 남자아이는 노래를 부르고 있다. ② 남자아이는 공을 차고 있다. ③ 남자아이는 영화를 보고 있다. ④ 남자아이는 기타를 연주하고 있다.
	✓① ② ③ ④		
06	대화를 듣고, 두 사람이 대화하는 장소로 가장 알맞은 곳을 고르세요. ① in the library ✓② near the library ③ in the classroom ④ in the movie theater	W Excuse me. Where is the library? M Can you see that building? It's inside. W Thanks so much. You are very kind.	여 실례합니다. 도서관이 어디예요? 남 저 건물 보이세요? 건물 안에 있어요. 여 정말 고맙습니다. 매우 친절하시군요. **inside** 안에, 내부에 **classroom** 교실 **movie theater** 영화관
07	대화를 듣고, 여자의 나이를 고르세요. ① 9살 ② 18살 ✓③ 19살 ④ 20살	W Hey! Today is my birthday. M How old are you? W I'm 19 years old today. M Happy birthday! Let me buy you dinner.	여 이봐! 오늘 내 생일이야. 남 네가 몇 살이지? 여 나 오늘로 19살이야. 남 생일 축하해! 내가 저녁 사 줄게.
08	다음을 듣고, 관계 있는 것을 고르세요. ① student ✓② doctor ③ professor ④ librarian	I see a lot of patients every day.	저는 매일 많은 환자들을 진찰합니다. **patient** 환자 **librarian** (도서관의) 사서
09	질문을 듣고, 가장 알맞은 대답을 고르세요. ① That's good. ② I am late again. ③ No, I am not busy. ✓④ Sure. What's going on?	Do you have time?	너 시간 있니? ① 잘 됐네. ② 나는 또 늦었어. ③ 아니, 난 바쁘지 않아. ④ 응. 무슨 일인데?

10

대화를 듣고, 두 사람의 관계로 알맞은 것을 고르세요.

① 비행기 조종사 – 승객
② 버스 운전기사 – 승객
③ 가게 점원 – 손님
④ 승객 – 승객 ✓

M What time are we getting into L.A.?
W The pilot said in one hour.
M Thanks. It's a long trip. I'm really tired.

남 L.A.에 몇 시에 도착합니까?
여 조종사가 한 시간 후에 도착한다고 말했어요.
남 고맙습니다. 긴 여행이네요. 정말 피곤하네요.

get into ~에 도착하다 **pilot** 조종사 **trip** 여행

11

다음을 듣고, 두 사람의 대화가 어색한 것을 고르세요.

①　　②　　③✓　　④

① W Can you help me?
　 M Sure. What is it?
② M Thank you for helping me today!
　 W It's my pleasure.
③ M How do you get to school?
　 W Five times a week.
④ W How was your weekend?
　 M It was great.

① 여 나 좀 도와 줄래?
　 남 물론이지. 뭔데?
② 남 오늘 날 도와 줘서 고마워!
　 여 도움이 되어서 나도 기뻐.
③ 남 학교에 어떻게 가니?
　 여 일주일에 다섯 번.
④ 여 주말 어떻게 보냈나요?
　 남 아주 좋았어요.

pleasure 기쁨, 즐거움

12

대화를 듣고, 대화 내용과 일치하는 것을 고르세요.

① 여자는 6시 40분에 일어난다.
② 남자는 아침 일찍 일어난다.
③ 여자는 11시경에 잠을 잔다. ✓
④ 남자는 11시에 잠을 잔다.

M What time do you get up?
W I get up at 6:30.
M Wow, you get up early! When do you go to bed?
W I usually go to bed around 11 o'clock.

남 너는 몇 시에 일어나니?
여 나는 6시 30분에 일어나.
남 와, 일찍 일어나는구나! 언제 자는데?
여 나는 보통 11시쯤에 자.

usually 보통, 대개

13

대화를 듣고, 여자에 관한 내용으로 일치하는 것을 고르세요.

① 일주일에 한 번 책을 읽는다.
② 소설책 읽는 것을 좋아한다. ✓
③ 매일 도서관에 간다.
④ 작가가 되고 싶어 한다.

W Do you read books every day?
M No, I read only once a week. What about you?
W I read books every day. I like reading novels.

여 너는 매일 책을 읽니?
남 아니, 난 일주일에 한 번만 읽어. 너는 어때?
여 난 매일 책을 읽어. 소설책 읽는 것을 좋아해.

once 한 번

14

대화를 듣고, 남자가 좋아하는 것이 무엇인지 고르세요.

① 모든 종류의 영화
② 공포 영화
③ 공포 영화를 제외한 영화 ✓
④ 좋아하는 영화가 없음

W Do you like movies?
M Yes, I do. But I don't like scary movies.
W Why is that?
M I am easily frightened.

여 너는 영화를 좋아하니?
남 응, 좋아해. 하지만 공포 영화는 좋아하지 않아.
여 그건 왜?
남 내가 잘 놀라거든.

scary 무서운 **easily** 쉽게, 잘
frightened 깜짝 놀란, 겁먹은

TEST 13 45

15	대화를 듣고, 여자의 마지막 말에 이어질 남자의 말로 알맞은 것을 고르세요. ① It's five o'clock. ② It's Thursday. ③ It's sunny. ✓④ It's November 24.	W <u>What</u> <u>day</u> is it today? M It's Friday. W What is <u>the</u> <u>date</u> today? M <u>It's November 24.</u>	여 오늘은 무슨 요일이니? 남 금요일이야. 여 오늘이 며칠이지? 남 <u>11월 24일이야.</u> ① 5시야. ② 목요일이야. ③ 화창해. ••• **sunny** 화창한

REVIEW TEST p. 85

A
① pilot, 조종사 ② lose, 잃다 ③ wolf, 늑대 ④ hospital, 병원
⑤ scary, 무서운 ⑥ easily, 쉽게, 잘 ⑦ library, 도서관 ⑧ frightened, 깜짝 놀란, 겁먹은
⑨ ostrich, 타조 ⑩ movie theater, 영화관

B
① the date ② appears to ③ post office
④ lot, patients ⑤ watching a movie ⑥ usually, bed around
⑦ What time, get up

TEST 14   p. 86

01 ① 02 ③ 03 ④ 04 ② 05 ③ 06 ① 07 ③ 08 ②
09 ④ 10 ① 11 ② 12 ④ 13 ② 14 ② 15 ①

	문제 및 정답	받아쓰기 및 녹음내용	해석
01	다음 두 번 들려주는 단어를 듣고, 알맞은 단어를 고르세요. ① cheap ② sheep ③ tip ④ zip	cheap cheap	(값이) 싼 **cheap** (값이) 싼 **tip** 조언; 팁 **zip** 지퍼
02	다음을 듣고, 빈칸에 알맞은 것을 고르세요. Many people have _____. ① bats ② peaks ③ pets ④ pots	Many people have pets.	많은 사람들이 반려동물을 가지고 있다. **bat** (야구) 배트 **peak** 꼭대기, 정상 **pot** 냄비, 솥
03	다음을 듣고, 그림과 일치하는 것을 고르세요. ① ② ③ ④	① The boy is crossing his arms. ② The boy is fixing the clock. ③ The boy is carrying a box. ④ The boy is looking at his watch.	① 남자아이는 팔짱을 끼고 있다. ② 남자아이는 시계를 고치고 있다. ③ 남자아이는 상자를 옮기고 있다. ④ 남자아이는 시계를 보고 있다. **cross one's arms** 팔짱을 끼다 **carry** 나르다, 운반하다 **watch** (손목)시계
04	다음을 듣고, 그림과 일치하는 것을 고르세요. ① ② ③ ④	① The woman is fishing in the sea. ② The woman is feeding the dog. ③ The woman is folding paper. ④ The woman is playing with the cat.	① 여자는 바다에서 낚시하고 있다. ② 여자는 개에게 먹이를 주고 있다. ③ 여자는 종이를 접고 있다. ④ 여자는 고양이와 놀고 있다. **fish** 낚시하다 **sea** 바다 **fold** (종이나 천을) 접다

05 다음을 듣고, 그림과 일치하는 것을 고르세요.

① The baby is wiping his mouth.
② The baby is blowing his nose.
③ The baby is touching his ear.
④ The baby is bending his knees.

① 아기가 입을 닦고 있다.
② 아기가 코를 풀고 있다.
③ 아기가 귀를 만지고 있다.
④ 아기가 무릎을 구부리고 있다.

touch 만지다 bend 구부리다 knee 무릎

정답: ③

---

06 대화를 듣고, 남자가 지불해야 할 금액을 고르세요.

① $12 ✓
② $14
③ $20
④ $26

M How much is this orange ball?
W It's 14 dollars.
M How about this white ball?
W It's 12 dollars.
M I'll buy this white ball.

남 이 주황색 공은 얼마예요?
여 14달러입니다.
남 이 흰색 공은요?
여 12달러예요.
남 이 흰색 공으로 살게요.

orange 주황색의   white 흰색의

---

07 대화를 듣고, 여자가 떠나 있을 기간을 고르세요.

① 2주
② 3주
③ 2개월 ✓
④ 3개월

M Why do you have three bags?
W I'm going away for two months.
M Really? I thought you would leave for three weeks.
W No, I will be away for a long time.

남 너는 왜 가방을 세 개나 가지고 있니?
여 나는 두 달 동안 떠나 있을 예정이야.
남 정말? 나는 네가 3주 동안 떠나 있을 것이라고 생각했어.
여 아니야, 난 오랫동안 떠나 있을 거야.

go away (장소를) 떠나다   leave 떠나다
for a long time 오랫동안

---

08 다음을 듣고, 관계 있는 것을 고르세요.

① bookstore
② library ✓
③ classroom
④ department store

You can study here and borrow some books.

당신은 여기에서 공부할 수 있고 책을 몇 권 빌릴 수 있다.

bookstore 서점   department store 백화점

---

09 질문을 듣고, 가장 알맞은 대답을 고르세요.

① You're welcome.
② Yes, I love coffee.
③ This cake is delicious.
④ No, thanks. I don't like it. ✓

Would you care for some tea?

차 좀 드시겠습니까?
① 천만에요.
② 네, 저는 커피를 아주 좋아해요.
③ 이 케이크는 맛있어요.
④ 아니요, 괜찮습니다. 저는 그것을 좋아하지 않아요.

care for ~을 좋아하다   delicious 맛있는

10	대화를 듣고, 두 사람의 관계로 알맞은 것을 고르세요. ✓① 식당 종업원 - 손님 ② 남자친구 - 여자친구 ③ 요리사 - 손님 ④ 식당 주인 - 식당 종업원	W May I take your order, sir? M Not yet. I'm waiting for my friend. W Okay. Then I will come back later.	여 주문을 받아도 될까요, 손님? 남 아직이요. 친구를 기다리고 있어요. 여 알겠습니다. 그러면 제가 나중에 다시 오겠습니다.
11	다음을 듣고, 두 사람의 대화가 어색한 것을 고르세요. ① ✓② ③ ④	① W Let's go out for lunch! 　M Okay. How about Korean food? ② W Do you have a cat? 　M Yes, I will. ③ M When did you go there? 　W I went there last year. ④ M Did you get some milk? 　W No, I don't drink milk.	① 여 점심 먹으러 나가자! 　남 좋아. 한국 음식 어때? ② 여 너는 고양이를 키우니? 　남 응, 그럴 거야. ③ 남 넌 언제 거기에 갔었니? 　여 난 작년에 거기에 갔었어. ④ 남 우유를 좀 샀니? 　여 아니, 난 우유를 안 마셔. •• last year 작년
12	대화를 듣고, 대화 내용과 일치하지 않는 것을 고르세요. ① 두 사람은 사진을 보고 있다. ② 사진 속의 할아버지는 27세이다. ③ 할아버지는 현재 72세이다. ✓④ 사진은 최근에 찍은 것이다.	W Your grandfather looks very young in this picture. M Yes, he was 27 at the time. W How old is he now? M He is 72 years old.	여 네 할아버지는 이 사진에서 정말 젊어 보이셔. 남 맞아, 그때가 27살이셨지. 여 지금은 연세가 어떻게 되시니? 남 72살이셔. •• grandfather 할아버지　young 젊은, 어린 at the time 그때
13	다음을 듣고, 내용과 일치하지 않는 것을 고르세요. ① Sam은 서울에 살고 있다. ✓② Sam은 여동생보다 두 살이 많다. ③ Sam의 여동생은 일곱 살이다. ④ Sam은 여동생과 밖에서 노는 것을 좋아한다.	My name is Sam, and I am 10 years old. I live in Seoul. I have a sister. She is 7 years old. She and I like to play outside together.	내 이름은 Sam이고, 나는 열 살이야. 나는 서울에 살아. 내게는 여동생이 한 명 있어. 그 애는 일곱 살이야. 여동생과 나는 함께 밖에서 노는 것을 좋아해.

14	대화를 듣고, 두 사람이 대화하는 장소로 가장 알맞은 곳을 고르세요. ① 휴대폰 가게 ✓② 옷 가게 ③ 신발 가게 ④ 꽃 가게	M How much are these pants? W They are 30 dollars. M Are you having a sale today? W Yes, there is a 50% discount on all clothes.	남 이 바지는 얼마예요? 여 30달러입니다. 남 오늘 세일 하나요? 여 네, 모든 옷들이 50% 할인이에요. •• sale 세일, 할인 판매 discount 할인 clothes 옷, 의복
15	대화를 듣고, 남자의 마지막 말에 이어질 여자의 말로 알맞은 것을 고르세요. ✓① It's sunny. ② That's fine. ③ It's seven dollars. ④ It's a quarter to five.	M Mom, I'm going to the park. W Are you going to play basketball? M Yes. What's the weather like today? W It's sunny.	남 엄마, 저 공원 가요. 여 농구 하러 가니? 남 네. 오늘 날씨가 어떤가요? 여 화창하단다. ② 좋아. ③ 7달러야. ④ 5시 15분 전이야.

REVIEW TEST p. 91

A ① knee, 무릎 ② bookstore, 서점 ③ cheap, (값이) 싼 ④ bend, 구부리다
⑤ sale, 세일, 할인 판매 ⑥ clothes, 옷, 의복 ⑦ young, 젊은, 어린 ⑧ delicious, 맛있는
⑨ discount, 할인 ⑩ care for, ~을 좋아하다

B ① fishing, sea ② having a sale ③ come back later
④ take your order ⑤ crossing his arms ⑥ away for, months
⑦ is folding paper

50

TEST 15 p.92

01 ④ 02 ③ 03 ③ 04 ① 05 ② 06 ④ 07 ① 08 ①
09 ③ 10 ③ 11 ① 12 ③ 13 ② 14 ④ 15 ②

	문제 및 정답	받아쓰기 및 녹음내용	해석
01	다음 두 번 들려주는 단어를 듣고, 알맞은 단어를 고르세요. ① loud ② road ③ load ④ rude	rude rude	버릇없는 rude 버릇없는, 무례한 loud 시끄러운 road 도로 load 짐
02	다음을 듣고, 빈칸에 알맞은 것을 고르세요. Do you like _____ pillows? ① father ② feature ③ feather ④ pedal	Do you like feather pillows?	너는 깃털 베개를 좋아하니? feather 깃털 pillow 베개 feature 특징 pedal 페달
03	다음을 듣고, 그림과 일치하는 것을 고르세요. ① ② ③ ④	① The cow is eating grass. ② The monkey is eating an apple. ③ The rabbit is jumping on the grass. ④ The duck is walking along the water.	① 소는 풀을 먹고 있다. ② 원숭이는 사과를 먹고 있다. ③ 토끼는 풀밭에서 뛰고 있다. ④ 오리는 물가를 따라 걷고 있다. cow 소 monkey 원숭이 rabbit 토끼 duck 오리 along ~을 따라
04	다음을 듣고, 그림과 일치하는 것을 고르세요. ① ② ③ ④	① The boy is nervous. ② The boy is excited. ③ The boy is angry. ④ The boy is sleepy.	① 남자아이는 불안하다. ② 남자아이는 들떠 있다. ③ 남자아이는 화가 나 있다. ④ 남자아이는 졸리다. nervous 불안한; 긴장한 sleepy 졸린

TEST 15   51

05	다음을 듣고, 그림과 일치하는 것을 고르세요. ① ②✓ ③ ④	① The shirt is too loose. ② The shirt is too short. ③ The shirt fits the girl well. ④ The shirt is red.	① 셔츠는 너무 헐렁하다. ② 셔츠는 너무 짧다. ③ 셔츠는 여자아이에게 잘 맞는다. ④ 셔츠는 빨간색이다. ●● fit (꼭) 맞다
06	대화를 듣고, 두 사람이 만날 시각을 고르세요. ① 8시 ② 8시 30분 ③ 9시 ④✓ 9시 30분	M Do you want to go to the library tomorrow morning? W Yes. What time do you want to meet? M Can we meet at 8:30? W No, that's too early. What about 9:30? M Sounds great. See you tomorrow.	남 내일 아침에 도서관에 갈래? 여 그래. 몇 시에 만나고 싶니? 남 8시 30분에 만날까? 여 아니, 너무 일러. 9시 30분은 어때? 남 좋아. 내일 보자.
07	대화를 듣고, 여자가 받아야 할 거스름돈이 얼마인지 고르세요. ①✓ $5 ② $15 ③ $20 ④ $35	W How much is this book? M It's 15 dollars. W Here is 20 dollars. M Thank you.	여 이 책은 얼마예요? 남 15달러입니다. 여 여기 20달러요. 남 고맙습니다.
08	다음을 듣고, 관계 있는 것을 고르세요. ①✓ subject ② country ③ language ④ hobby	English, Korean, music, math, science	영어, 한국어, 음악, 수학, 과학 ●● science 과학 subject 과목 country 나라, 국가 language 언어
09	질문을 듣고, 가장 알맞은 대답을 고르세요. ① Yes, it is a pen. ② Yes, this pen is red. ③✓ No, it's not mine. ④ This pen is really good.	Is this your pen?	이거 네 펜이니? ① 응, 그것은 펜이야. ② 응, 이 펜은 빨간색이야. ③ 아니, 그것은 내 것이 아니야. ④ 이 펜은 정말 좋아.

10	대화를 듣고, 두 사람이 대화하는 장소로 가장 알맞은 곳을 고르세요. ① 옷 가게 ② 공연장 ✓③ 체육관 ④ 휴대폰 가게	W How can I stay fit? M You should come here and exercise regularly. W I see. I'll give it a try.	여 어떻게 건강을 유지할 수 있을까요? 남 여기에 오셔서 규칙적으로 운동하셔야 합니다. 여 알겠습니다. 한번 시도해 볼게요. •• stay fit 건강을 유지하다 exercise 운동하다 regularly 규칙적으로 give ~ a try ~을 한번 시도해 보다
11	다음을 듣고, 두 사람의 대화가 어색한 것을 고르세요. ✓①　②　③　④	① W Do you know how to play table tennis? 　M I want to play it today. ② W What time are you coming home? 　M I will come home around 5 p.m. ③ W May I speak to Mr. Young? 　M Speaking. ④ M What do you like to do in your free time? 　W I like to play chess.	① 여 너 탁구 치는 법을 아니? 　남 나는 오늘 그걸 치고 싶어. ② 여 몇 시에 집에 올 거니? 　남 오후 5시쯤 집에 갈게요. ③ 여 Young 씨와 통화할 수 있을까요? 　남 저예요. ④ 남 여가 시간에 뭐 하는 걸 좋아하세요? 　여 체스를 두는 것을 좋아해요. •• table tennis 탁구 Speaking. (전화 통화에서) 접니다.
12	다음을 듣고, 내용과 일치하는 것을 고르세요. ① Daniel은 열두 살이다. ② Daniel은 축구를 싫어한다. ✓③ Daniel은 수학을 좋아한다. ④ Daniel은 지금 친구들과 축구를 하고 있다.	Hello, everyone. It is nice to meet you. My name is Daniel, and I'm 11 years old. I like playing soccer and studying math. I'm happy to study with you.	안녕하세요, 여러분. 만나서 반갑습니다. 제 이름은 Daniel이고, 저는 11살입니다. 저는 축구를 하는 것과 수학 공부하는 것을 좋아합니다. 여러분과 함께 공부하게 돼서 기쁩니다.
13	대화를 듣고, 대화 내용과 일치하지 않는 것을 고르세요. ① 여자는 책 읽는 것을 좋아하지 않는다. ✓② 두 사람은 도서관에 갈 것이다. ③ 두 사람은 아이스크림을 먹을 것이다. ④ 여자는 도서관에 가는 것을 지루하게 생각한다.	M Let's go to the library. W That sounds boring. I hate reading. Let's have ice cream instead. M Okay. We both like ice cream. Let's go.	남 우리 도서관에 가자. 여 지루할 것 같아. 난 책 읽는 걸 매우 싫어해. 대신 아이스크림 먹자. 남 그래. 우리 둘 다 아이스크림을 좋아하니까. 가자. •• hate 몹시 싫어하다 instead 대신에

14	대화를 듣고, 남자가 할 일로 알맞은 것을 고르세요. ① 약국에 간다. ② 친구를 만난다. ③ 식사하러 간다. ④ 병원에 간다.	W What's wrong, John? M I have some pain in my stomach. W You should see a doctor then. M I think you're right.	여 무슨 일이야, John? 남 배에 통증이 좀 있어. 여 그러면 진찰을 받는 게 좋겠어. 남 네 말이 맞는 것 같아. pain 통증, 고통 stomach 배; 위 see a doctor 진찰을 받다
15	대화를 듣고, 남자의 마지막 말에 이어질 여자의 말로 알맞은 것을 고르세요. ① It's 344-3452. ② Around 6 o'clock. ③ The line is busy. ④ Today is Monday.	M Hello. Can I speak to Maria? W I'm afraid she is out right now. M What time will she be back? W Around 6 o'clock.	남 여보세요. Maria와 통화할 수 있을까요? 여 죄송하지만 그녀는 지금 외출 중입니다. 남 몇 시에 돌아오나요? 여 6시쯤이요. ① 344-3452번이에요. ③ 통화 중입니다. ④ 오늘은 월요일이에요. be out 외출 중이다 be back 돌아오다 The line is busy. 통화 중입니다.

REVIEW TEST p. 97

A
① pain, 통증, 고통 ② rude, 버릇없는, 무례한 ③ hate, 몹시 싫어하다 ④ stomach, 배; 위
⑤ exercise, 운동하다 ⑥ instead, 대신에 ⑦ nervous, 불안한; 긴장한 ⑧ subject, 과목
⑨ language, 언어 ⑩ regularly, 규칙적으로

B
① not mine ② feather pillows ③ stay fit
④ fits, girl well ⑤ cow, eating grass ⑥ give, a try
⑦ will, be back

TEST 16 p. 98

01 ③ 02 ② 03 ① 04 ② 05 ① 06 ② 07 ① 08 ②
09 ③ 10 ④ 11 ④ 12 ② 13 ① 14 ② 15 ②

	문제 및 정답	받아쓰기 및 녹음내용	해석
01	다음 두 번 들려주는 단어를 듣고, 알맞은 단어를 고르세요. ① port ② fork ③ pork ✓ ④ park	pork pork	돼지고기 **pork** 돼지고기 **port** 항구 **fork** 포크
02	다음을 듣고, 빈칸에 알맞은 것을 고르세요. He _____ it from the others. ① fit ② hid ✓ ③ hit ④ had	He <u>hid</u> it from the <u>others</u>.	그는 그것을 다른 사람들로부터 숨겼다. **hid** hide(숨기다)의 과거형 **hit** 때리다, 치다
03	다음을 듣고, 그림과 일치하는 것을 고르세요. ① ✓ ② ③ ④	① The man is <u>full</u>. ② The man is a <u>fool</u>. ③ The man is <u>hungry</u>. ④ The man is <u>bored</u>.	① 남자는 배가 부르다. ② 남자는 어리석은 사람이다. ③ 남자는 배가 고프다. ④ 남자는 지루해한다. **fool** 바보, 멍청이 **bored** 지루해하는
04	다음을 듣고, 그림과 일치하는 것을 고르세요. ① ② ✓ ③ ④	① People are <u>at</u> the <u>bus terminal</u>. ② People are <u>in</u> the <u>library</u>. ③ People are in the <u>art gallery</u>. ④ People are in the <u>department store</u>.	① 사람들은 버스 터미널에 있다. ② 사람들은 도서관에 있다. ③ 사람들은 미술관에 있다. ④ 사람들은 백화점에 있다. **bus terminal** 버스 터미널 **art gallery** 미술관

05	다음을 듣고, 그림과 일치하는 것을 고르세요.	① The girl is crossing the street. ② The girl is cleaning the street. ③ The girl is sitting on the street. ④ The girl is running down the street. ✓① ② ③ ④	① 여자아이가 길을 건너고 있다. ② 여자아이가 길을 청소하고 있다. ③ 여자아이가 거리에 앉아 있다. ④ 여자아이가 거리를 달리고 있다. cross 건너다, 횡단하다 street 길, 거리
06	대화를 듣고, 현재 시각을 고르세요. ① 1시 ✓② 2시 ③ 3시 ④ 4시	W What time does the movie start? M At three o'clock. W Then we have an hour left before the movie starts.	여 영화가 몇 시에 시작하지? 남 3시에. 여 그러면 영화 시작 전까지 한 시간 남았네. left leave(남아 있다)의 과거형
07	대화를 듣고, 지금이 몇 월인지 고르세요. ✓① 7월 ② 8월 ③ 9월 ④ 10월	W When are you going to visit your uncle in Canada? M In September. W So that's in two months. Are you excited? M Oh, yes.	여 너는 언제 캐나다에 있는 삼촌을 방문할 예정이니? 남 9월에. 여 그럼 이제 두 달 남았네. 신나니? 남 어, 그럼. uncle 삼촌
08	다음을 듣고, 관계 있는 것을 고르세요. ① coffee shop ✓② theater ③ bookstore ④ police station	We watch our favorite movies.	우리는 우리가 아주 좋아하는 영화를 본다. police station 경찰서
09	질문을 듣고, 가장 알맞은 대답을 고르세요. ① He wants me to be a doctor. ② I'm still looking for work. ✓③ At a post office. ④ He works 40 hours a week.	Where does your father work?	네 아버지는 어디에서 일하시니? ① 아버지는 내가 의사가 되기를 원하셔. ② 나는 아직 일자리를 구하는 중이야. ③ 우체국에서 일하셔. ④ 아버지는 주당 40시간을 일하셔.
10	대화를 듣고, 스마트폰이 놓여 있는 위치를 고르세요. ① 의자 위 ② 소파 위 ③ 침대 위 ✓④ 탁자 위	M What are you looking for? W My smartphone. Have you seen it? M Yes. I put it on the table.	남 넌 뭘 찾고 있니? 여 내 스마트폰. 그걸 본 적 있니? 남 응. 내가 그걸 탁자 위에 놓았어. seen see(보다)의 과거분사

11

다음을 듣고, 두 사람의 대화가 어색한 것을 고르세요.

① ② ③ ④✓

① W How often do you go to the academy?
  M Once a week.
② M Why don't you take a taxi?
  W That sounds good.
③ M Please help yourself!
  W Thank you.
④ W Can you turn on the light?
  M I will buy it.

① 여 너는 얼마나 자주 학원에 가니?
  남 일주일에 한 번 가.
② 남 택시 타는 게 어때?
  여 좋은 생각이야.
③ 남 마음껏 드세요!
  여 감사합니다.
④ 여 불 좀 켜 주겠니?
  남 제가 그것을 살게요.

academy 학원 **turn on** (전기·가스 등을) 켜다

12

대화를 듣고, 두 사람이 대화 직후에 할 일로 알맞은 것을 고르세요.

① 소풍을 갈 것이다.
②✓ 산책을 갈 것이다.
③ 집에 있을 것이다.
④ 일기 예보를 볼 것이다.

W Look out the window. It's sunny.
M I can't believe it. It was cloudy and windy this morning.
W Right. How about taking a walk?
M Sounds great.

여 창밖을 봐. 날씨가 화창해.
남 믿을 수 없어. 오늘 아침에는 흐리고 바람이 많이 불었잖아.
여 맞아. 산책하는 게 어떠니?
남 좋아.

believe 믿다 **cloudy** 흐린 **take a walk** 산책하다

13

대화를 듣고, 대화 내용과 일치하는 것을 고르세요.

① 여자는 아침에 조깅을 한다.
② 남자는 매일 7시에 일어난다.
③✓ 남자는 매일 아침 조깅을 한다.
④ 여자는 아침 일찍 일어나는 것을 좋아한다.

W What do you do every morning?
M I jog every morning at 6:30 a.m.
W That's great. I could never do that. I love to sleep in the morning.

여 너는 매일 아침 뭐 하니?
남 난 매일 아침 6시 30분에 조깅을 해.
여 대단하다. 난 그거 절대 못 해. 난 아침에 잠자는 것을 너무 좋아하거든.

never 결코(절대) ~ 않다

14

대화를 듣고, 남자가 기뻐하는 이유를 고르세요.

① 여자친구가 생겨서
②✓ 직장을 구해서
③ 숙제를 다 해서
④ 오랫동안 한 일을 끝내서

M I am so happy today.
W Why is that?
M I got a job. I haven't worked in a long time.
W Congratulations!

남 나 오늘 정말 행복해.
여 왜 그런데?
남 직장을 구했어. 난 오랫동안 일하지 않았거든.
여 축하해!

Congratulations! 축하해!

TEST 16 57

15 대화를 듣고, 남자의 마지막 말에 이어질 여자의 말로 알맞은 것을 고르세요.

① That's it.
② That's okay. ✓
③ Thank you.
④ That's a good idea.

M Excuse me. Are you Dr. Kim?
W No, I'm not. She's over there.
M Oh, I'm sorry.
W That's okay.

남 실례합니다. Kim 박사님이신가요?
여 아뇨, 제가 아니에요. 그분은 저쪽에 계십니다.
남 오, 죄송합니다.
여 괜찮습니다.

① 그게 다에요.
③ 감사합니다.
④ 좋은 생각이에요.

REVIEW TEST p. 103

A
① uncle, 삼촌 ② fool, 바보, 멍청이 ③ pork, 돼지고기 ④ never, 결코(절대) ~ 않다
⑤ cloudy, 흐린 ⑥ police station, 경찰서 ⑦ academy, 학원 ⑧ believe, 믿다
⑨ bored, 지루해하는 ⑩ art gallery, 미술관

B
① over there ② help yourself ③ hid, others
④ turn on ⑤ put, on ⑥ crossing the street
⑦ an hour left

TEST 17 p. 104

01 ② 02 ③ 03 ③ 04 ④ 05 ① 06 ④ 07 ③ 08 ①
09 ① 10 ② 11 ① 12 ③ 13 ④ 14 ② 15 ①

	문제 및 정답	받아쓰기 및 녹음내용	해석
01	다음 두 번 들려주는 단어를 듣고, 알맞은 단어를 고르세요. ① find ② blind ✓ ③ bind ④ blink	blind blind	눈 먼 **blind** 눈 먼 **bind** 묶다 **blink** 눈을 깜빡이다
02	다음을 듣고, 빈칸에 알맞은 것을 고르세요. Wash your _____. ① feed ② pace ③ feet ✓ ④ face	Wash your feet.	네 발을 씻어라. **feet** foot(발)의 복수형 **pace** 속도
03	다음을 듣고, 그림과 일치하는 것을 고르세요. ① ② ③✓ ④	① The baby is eating cookies. ② The baby is hugging a dog. ③ The baby is playing with a doll. ④ The baby is sleeping with her mother.	① 아기는 쿠키를 먹고 있다. ② 아기는 개를 껴안고 있다. ③ 아기는 인형을 가지고 놀고 있다. ④ 아기는 엄마와 자고 있다. **cookie** 쿠키 **hug** 껴안다 **doll** 인형
04	다음을 듣고, 그림과 일치하는 것을 고르세요. ① ② ③ ④✓	① The man is washing his car. ② The man is riding on a bus. ③ The man is flying a kite. ④ The man is driving a car.	① 남자는 세차를 하고 있다. ② 남자는 버스를 타고 있다. ③ 남자는 연을 날리고 있다. ④ 남자는 차를 운전하고 있다. **fly** 날리다 **kite** 연 **drive** 운전하다

TEST 17 59

05	다음을 듣고, 그림과 일치하는 것을 고르세요.	① The duck is in the pond. ② The duck is behind the pond. ③ The duck is next to the pond. ④ The duck is around the pond.	① 오리가 연못에 있다. ② 오리가 연못 뒤에 있다. ③ 오리가 연못 옆에 있다. ④ 오리가 연못 주위에 있다. pond 연못 around ~의 주위에
06	대화를 듣고, 여자가 태어난 날짜를 고르세요. ① 2013년 3월 19일 ② 2013년 3월 29일 ③ 2014년 4월 9일 ④ 2014년 4월 29일	M When were you born? W I was born on April 29, 2014.	남 넌 언제 태어났니? 여 전 2014년 4월 29일에 태어났어요. April 4월
07	대화를 듣고, 남자가 영어를 공부한 기간을 고르세요. ① 3주 ② 3개월 ③ 3년 ④ 13년	W Your English is so good. M Thank you. W How many years did you study English? M About three years.	여 네 영어 실력이 매우 좋구나. 남 감사합니다. 여 너는 영어를 몇 년 공부했니? 남 3년 정도요. about ~ 정도, 대략
08	다음을 듣고, 관계 있는 것을 고르세요. ① spring ② summer ③ fall ④ winter	It's the season between winter and summer when leaves and flowers appear.	잎사귀와 꽃이 생기는 겨울과 여름 사이에 있는 계절이다. between ~ 사이에 leaves leaf(잎사귀)의 복수형 appear 생기다, 나타나다
09	질문을 듣고, 가장 알맞은 대답을 고르세요. ① It's at the school. ② Only on Mondays. ③ It's at seven o'clock. ④ That sounds good.	Where is the show?	공연은 어디에서 하니? ① 학교에서 해. ② 월요일에만 해. ③ 7시에 해. ④ 그거 좋겠다. show 공연, 쇼
10	대화를 듣고, 여자가 주문한 것이 아닌 것을 고르세요. ① 팝콘 ② 빵 ③ 콜라 ④ 물	M May I help you? W Yes, please. I want to order one large popcorn and one small Coke. M Do you need anything else? W Hmm… a bottle of water, please.	남 도와드릴까요? 여 네. 팝콘 큰 거 하나와 콜라 작은 거 하나를 주문하고 싶어요. 남 다른 필요한 건 없으세요? 여 음… 물 한 병도 주세요. Coke 콜라 else 다른, 그 밖의

11 다음을 듣고, 두 사람의 대화가 어색한 것을 고르세요.

① ② ③✓ ④

① M I want to go to Jeju Island.
　 W Me, too.
② W I will do the dishes today.
　 M Then I will clean the floor.
③ M Do you speak English?
　 W Yes, I want to speak English.
④ W Are you going to visit your grandmother this Saturday?
　 M Yes, it's her birthday.

① 남 나는 제주도에 가고 싶어.
　 여 나도.
② 여 오늘은 내가 설거지를 할게.
　 남 그럼 난 바닥을 청소할게.
③ 남 영어를 말할 줄 아니?
　 여 응, 난 영어를 말하고 싶어.
④ 여 이번 주 토요일에 할머니 댁에 방문할 거니?
　 남 응, 할머니의 생신이거든.

do the dishes 설거지를 하다

---

12 다음을 듣고, 내용과 일치하지 않는 것을 고르세요.

① 담임 선생님은 음악을 가르친다.
② 담임 선생님은 결혼했다.
③✓ 담임 선생님은 41세이다.
④ 담임 선생님은 친절하다.

My homeroom teacher is Mr. Park. He teaches music, and he is 42 years old. He is married and has two sons. He is always kind to us.

우리 담임 선생님은 박 선생님이시다. 선생님은 음악을 가르치시고, 42세이다. 선생님은 결혼하셨고 아들이 두 명 있다. 선생님은 항상 우리에게 친절하시다.

homeroom teacher 담임 선생님
married 결혼한

---

13 대화를 듣고, 남자의 심정으로 알맞은 것을 고르세요.

① 감격함
② 화가 남
③ 행복함
④✓ 걱정스러움

W Summer vacation will be over soon.
M I know. I have to finish my homework.
W Do you still have a lot to do?
M Yes, can you please help me?

여 여름 방학이 곧 끝날 거야.
남 알아. 난 숙제를 끝내야 해.
여 아직도 해야 할 게 많아?
남 응, 좀 도와 줄 수 있어?

vacation 방학, 휴가　**be over** 끝나다

---

14 대화를 듣고, 두 사람이 대화하는 장소로 가장 알맞은 곳을 고르세요.

① 지하철 안
②✓ 거리
③ 교실
④ 병원

M Watch out for the car!
W Oops! I didn't see it.
M You always have to be careful when you cross the street.

남 차 조심해!
여 어머! 차를 못 봤어요.
남 길을 건널 때는 항상 조심해야 해.

watch out for ~을 조심하다　**Oops!** 어머!
careful 조심하는, 주의 깊은

| 15 | 대화를 듣고, 남자의 마지막 말에 이어질 여자의 말로 알맞은 것을 고르세요.

✓① I really like it.
② It doesn't matter.
③ Because it's interesting.
④ I'm fine. Thank you. | M What are you doing?
W I'm <u>studying science</u>.
M I don't like science. It's so <u>difficult</u>. How about you?
W <u>I really like it.</u> | 남 너 뭐 하고 있니?
여 과학을 공부하고 있어.
남 난 과학을 좋아하지 않아. 그건 너무 어려워. 너는 어때?
여 <u>난 정말 좋아해.</u>

② 상관 없어.
③ 그건 흥미롭기 때문이야.
④ 난 잘 지내. 고마워.

difficult 어려운 **matter** 중요하다
interesting 흥미로운 |

REVIEW TEST   p. 109

A ① blind, 눈 먼 ② pond, 연못 ③ leaf, 잎사귀 ④ careful, 조심하는, 주의 깊은
⑤ drive, 운전하다 ⑥ difficult, 어려운 ⑦ vacation, 방학, 휴가 ⑧ between, ~ 사이에
⑨ interesting, 흥미로운 ⑩ be over, 끝나다

B ① anything else ② hugging, dog ③ flying, kite
④ clean the floor ⑤ married, has, sons ⑥ Watch out for
⑦ How many years

TEST 18 p. 110

01 ③ 02 ② 03 ④ 04 ① 05 ② 06 ① 07 ① 08 ③
09 ④ 10 ① 11 ② 12 ① 13 ② 14 ③ 15 ④

	문제 및 정답	받아쓰기 및 녹음내용	해석
01	다음 두 번 들려주는 단어를 듣고, 알맞은 단어를 고르세요. ① no ② know ③ now ✓ ④ new	now now	지금 **now** 지금
02	다음을 듣고, 빈칸에 알맞은 것을 고르세요. Mom, I _____ my schoolbag. ① can find ② can't find ✓ ③ can pound ④ can't pound	Mom, I <u>can't find</u> my schoolbag.	엄마, 제 책가방을 찾을 수가 없어요. **schoolbag** 책가방 **pound** 마구 치다, 두드리다
03	다음을 듣고, 그림과 일치하는 것을 고르세요. ① ② ③ ④ ✓	① The girl likes <u>bread</u>. ② The girl likes <u>meat</u>. ③ The girl likes <u>milk</u>. ④ The girl likes <u>vegetables</u>.	① 여자아이는 빵을 좋아한다. ② 여자아이는 고기를 좋아한다. ③ 여자아이는 우유를 좋아한다. ④ 여자아이는 채소를 좋아한다. **bread** 빵 **meat** 고기
04	다음을 듣고, 그림과 일치하는 것을 고르세요. ① ✓ ② ③ ④	① The man's <u>stomach</u> <u>hurts</u>. ② The man's <u>neck</u> hurts. ③ The man's <u>back</u> hurts. ④ The man's <u>leg</u> hurts.	① 남자의 배가 아프다. ② 남자의 목이 아프다. ③ 남자의 등이 아프다. ④ 남자의 다리가 아프다. **hurt** 아프다 **neck** 목 **back** 등, 허리

TEST 18 63

05	다음을 듣고, 그림과 일치하는 것을 고르세요.	① He is four years old. ② He is fourteen years old. ③ He is fifteen years old. ④ He is forty years old.	① 그는 4살이다. ② 그는 14살이다. ③ 그는 15살이다. ④ 그는 40살이다.
06	대화를 듣고, 약국이 몇 층에 있는지 고르세요. ✓① 2층 ② 7층 ③ 11층 ④ 12층	W Hi. I am looking for a pharmacy. M It's on the second floor. You can take the escalator. W Thanks.	여 안녕하세요. 저는 약국을 찾고 있어요. 남 2층에 있습니다. 에스컬레이터를 탈 수 있어요. 여 감사합니다. **pharmacy** 약국 **escalator** 에스컬레이터
07	대화를 듣고, 두 사람이 무엇에 대해 이야기하고 있는지 고르세요. ✓① 몸무게 ② 키 ③ 다이어트 ④ 성별	M Your baby looks very healthy. W Yes, she does. M How much does she weigh? W She weighs 16 pounds.	남 아기가 아주 건강해 보여요. 여 네, 건강해요. 남 아기는 몸무게가 얼마나 나가나요? 여 16파운드 나가요. **weigh** 무게가 ~이다
08	다음을 듣고, 관계 있는 것을 고르세요. ① doctor ② writer ✓③ sales clerk ④ baseball player	I sell things in a store.	저는 가게에서 물건을 팝니다. **writer** 작가 **sales clerk** 점원, 판매원 **baseball player** 야구 선수
09	질문을 듣고, 가장 알맞은 대답을 고르세요. ① Yes, I'm coming. ② I'm thirsty. ③ I go by bicycle. ✓④ I'm going to the bookstore.	Where are you going?	어디에 가는 중이니? ① 응, 지금 가. ② 난 목이 말라. ③ 난 자전거로 가. ④ 난 서점에 가는 중이야. **by** (방법·수단의) ~로
10	대화를 듣고, 여자가 미국을 방문한 목적을 고르세요. ✓① 사업 ② 휴가 ③ 친척 방문 ④ 관광	M What is the purpose of your visit to the U.S.? Business or pleasure? W I am here on business. M Okay. Have a nice trip.	남 미국을 방문한 목적은 무엇입니까? 사업으로요, 아니면 여행으로요? 여 사업차 여기 왔습니다. 남 알겠습니다. 즐거운 여행 되세요. **purpose** 목적 **visit** 방문 **business** 사업

11

다음을 듣고, 두 사람의 대화가 <u>어색한</u> 것을 고르세요.

① ②✓ ③ ④

① W How about pizza for lunch?
　M I'm sorry. I don't like pizza.
② M Why don't you eat some more food?
　W I'm so hungry.
③ W How can I get to City Hall?
　M Take the subway. That is the quickest way.
④ M Did you have breakfast?
　W Yes, I did.

① 여 점심으로 피자 어때?
　남 미안해. 난 피자를 좋아하지 않아.
② 남 음식을 조금 더 먹지 그러니?
　여 난 너무 배고파.
③ 여 시청에 어떻게 갈 수 있나요?
　남 지하철을 타세요. 그게 가장 빠른 방법이에요.
④ 남 너는 아침 먹었니?
　여 응, 먹었어.

City Hall 시청　**quickest** 가장 빠른　**way** 방법

12

대화를 듣고, 두 사람이 지금 하고 있는 일로 알맞은 것을 고르세요.

①✓ 노래를 듣고 있다.
② 노래를 부르고 있다.
③ 춤을 추고 있다.
④ 영화를 보고 있다.

M Can you turn up the volume?
W Okay.
M That is my favorite song. Do you like this song, too?
W No. I don't like dance music.

남 음량을 높여줄 수 있어?
여 알았어.
남 그거 내가 가장 좋아하는 곡이야. 너도 이 노래 좋아하니?
여 아니. 난 댄스 음악은 좋아하지 않아.

turn up (소리·온도 등을) 올리다, 높이다　**volume** 음량

13

다음을 듣고, 내용과 일치하는 것을 고르세요.

① 나는 농구 선수가 되고 싶다.
②✓ 내 동생은 재미있다.
③ 내 동생은 가수가 되고 싶어 한다.
④ 내 동생은 축구를 좋아한다.

I like playing soccer. I want to be the best soccer player in the world. My brother is funny. He wants to be a comedian.

저는 축구 하는 것을 좋아합니다. 저는 세계 최고의 축구 선수가 되고 싶습니다. 저의 동생은 재미있습니다. 그는 코미디언이 되고 싶어 합니다.

funny 재미있는　**comedian** 코미디언

14

대화를 듣고, 대화 내용과 일치하는 것을 고르세요.

① 남자는 오늘 학교에 가야 한다.
② 여자는 오늘이 일요일이라고 생각했다.
③✓ 남자는 좀 더 자고 싶어 한다.
④ 여자는 남자를 깨우지 않았다.

W Wake up! It's already eight o'clock in the morning.
M I want to sleep more. Today is Sunday.
W Oops. I'm sorry.

여 일어나! 벌써 아침 8시야.
남 저는 더 자고 싶어요. 오늘 일요일이잖아요.
여 어머. 미안해.

wake up 일어나다　**already** 벌써, 이미

TEST **18**　65

15 대화를 듣고, 여자의 마지막 말에 이어질 남자의 말로 알맞은 것을 고르세요.

① I'm going home.
② It was a nice mall.
③ I like studying English.
④ I bought some T-shirts. ✓

W How was your weekend, Minsu?
M It was really great. I went to the mall.
W Really? What did you do there?
M I bought some T-shirts.

여 주말 잘 보냈니, 민수야?
남 아주 좋았어. 난 쇼핑몰에 갔었어.
여 정말? 거기서 뭐 했어?
남 티셔츠 좀 샀어.

① 난 집에 가는 중이야.
② 멋진 쇼핑몰이었어.
③ 난 영어 공부하는 것을 좋아해.

bought buy(사다)의 과거형

REVIEW TEST p. 115

A
① back, 등, 허리 ② funny, 재미있는 ③ meat, 고기 ④ bread, 빵
⑤ neck, 목 ⑥ comedian, 코미디언 ⑦ business, 사업 ⑧ already, 벌써, 이미
⑨ schoolbag, 책가방 ⑩ sales clerk, 점원, 판매원

B
① leg hurts ② take, escalator ③ much, weigh
④ looking for, pharmacy ⑤ purpose, visit ⑥ How, get to
⑦ turn up, volume

TEST 19 p. 116

01 ② 02 ② 03 ② 04 ① 05 ② 06 ④ 07 ③ 08 ③
09 ① 10 ④ 11 ④ 12 ④ 13 ④ 14 ④ 15 ④

	문제 및 정답	받아쓰기 및 녹음내용	해석
01	다음 두 번 들려주는 단어를 듣고, 알맞은 단어를 고르세요. ① rain ②✓ line ③ main ④ lane	line line	선, 줄 **line** 선, 줄 **main** 중요한, 주된 **lane** 차선
02	다음을 듣고, 빈칸에 알맞은 것을 고르세요. Where is the red _____? ① black ②✓ block ③ blank ④ brake	Where is the red block?	빨간색 블록이 어디에 있니? **block** (완구의) 블록 **blank** 비어 있는 **brake** 브레이크, 제동 장치
03	다음을 듣고, 그림과 일치하는 것을 고르세요. ① ②✓ ③ ④	① The steak is salty. ② The noodles are spicy. ③ The dessert is sweet. ④ The soup is sour.	① 스테이크가 짜다. ② 국수가 맵다. ③ 디저트가 달콤하다. ④ 수프가 시큼하다. **salty** 짠 **spicy** 매운; 양념 맛이 강한 **sweet** 달콤한, 단 **sour** 신, 시큼한
04	다음을 듣고, 그림과 일치하는 것을 고르세요. ①✓ ② ③ ④	① The boy is listening to music. ② The boy is talking with his friend. ③ The boy is putting a book in the bag. ④ The boy is standing next to the bench.	① 남자아이가 음악을 듣고 있다. ② 남자아이가 친구와 얘기하고 있다. ③ 남자아이가 가방에 책을 넣고 있다. ④ 남자아이가 벤치 옆에 서 있다. **listen to music** 음악을 듣다

TEST 19 67

05	다음을 듣고, 그림과 일치하는 것을 고르세요. ① ② ③ ④	① There are some books on the bed. ② There is a desk next to the bed. ③ There is a teddy bear on the desk. ④ There are some plants in the room.	① 침대 위에 책이 좀 있다. ② 침대 옆에 책상이 있다. ③ 책상 위에 곰 인형이 있다. ④ 방 안에 식물이 좀 있다. teddy bear 곰 인형 plant 식물
06	대화를 듣고, 남자가 탈 버스 번호를 고르세요. ① 12 ② 20 ③ 24 ④ 25	M Excuse me. How can I get to the museum? W You can get there by bus. Take bus number 25. M Oh, thank you.	남 실례합니다. 박물관에 어떻게 가야 하나요? 여 버스를 타고 가시면 됩니다. 25번 버스를 타세요. 남 오, 감사합니다. museum 박물관
07	다음을 듣고, 내일의 날씨로 알맞은 것을 고르세요. ① 따뜻하고 비가 옴 ② 따뜻하고 화창함 ③ 시원하고 흐림 ④ 시원하고 화창함	Today's weather was warm and sunny. But it will be cooler and cloudy tomorrow.	오늘 날씨는 따뜻하고 화창했습니다. 하지만 내일은 더 시원하고 흐릴 것입니다. warm 따뜻한 cool 시원한, 서늘한
08	다음을 듣고, 관계 있는 것을 고르세요. ① 군인 ② 웨이터 ③ 요리사 ④ 디자이너	I make recipes and prepare food.	저는 조리법을 만들고 음식을 준비합니다. recipe 조리법, 요리법 prepare 준비하다
09	질문을 듣고, 가장 알맞은 대답을 고르세요. ① No problem. ② Not so good. ③ Good for you! ④ That's all right.	Can you help me carry these bags?	이 가방들을 나르는 걸 도와줄 수 있니? ① 그럼. ② 별로 안 좋아. ③ 잘됐구나! ④ 괜찮아.
10	대화를 듣고, 두 사람의 관계로 알맞은 것을 고르세요. ① 교사 - 학생 ② 점원 - 고객 ③ 의사 - 환자 ④ 택시 운전사 - 승객	W Hello. Where would you like to go? M Take me to N Seoul Tower, please. W Okay. Please put on your seatbelt.	여 안녕하세요. 어디로 모실까요? 남 N 서울 타워로 가 주세요. 여 네. 안전벨트를 매 주세요. put on ~을 입다[매다] seatbelt 안전벨트

11	다음을 듣고, 두 사람의 대화가 어색한 것을 고르세요.
	
	① ② ③ ④✓
		① M Let's take a break.
		  W That sounds good.
		② W Do you know anything about the new game?
		  M No, I have no idea.
		③ W How do you like your new teacher?
		  M He seems nice.
		④ M What are you doing now?
		  W I will watch that movie tonight.
			① 남 좀 쉬자.
			  여 좋은 생각이야.
			② 여 그 새로운 게임에 대해 뭐 좀 알고 있니?
			  남 아니, 모르겠어.
			③ 여 새로 오신 너희 선생님은 어때?
			  남 좋으신 분 같아.
			④ 남 넌 지금 뭘 하고 있니?
			  여 나는 오늘 밤에 그 영화를 볼 거야.
			
			take a break 쉬다, 휴식을 취하다
			seem ~인 것 같다

12	대화를 듣고, 대화 내용과 일치하지 <u>않는</u> 것을 고르세요. ① 남자는 살을 빼고 싶어 한다. ② 여자는 남자에게 줄넘기를 하자고 제안했다. ③ 두 사람은 오후 6시에 만나기로 약속했다. ④✓ 두 사람은 운동장에서 만날 것이다.	M I need to lose some weight. W How about jumping rope with me at the park? M That's a great idea! W Then can we meet at 6 p.m.? M Okay, see you then.	남 나는 살을 좀 빼야 해. 여 나와 함께 공원에서 줄넘기를 하는 게 어때? 남 그거 아주 좋은 생각이다! 여 그럼 우리 오후 6시에 만날래? 남 좋아, 그때 보자. lose weight 살을 빼다, 체중을 줄이다
13	대화를 듣고, 두 사람이 무엇에 대해 이야기하고 있는지 고르세요. ① 생일 파티 ② 할인 판매 ③✓ 스웨터 ④ 쇼핑	W Your sweater looks good on you. M Thank you. W Where did you get it? M My aunt bought it as a birthday gift.	여 스웨터가 네게 잘 어울린다. 남 고마워. 여 어디에서 샀니? 남 이모가 생일 선물로 사주셨어. look good on ~와 잘 어울리다
14	대화를 듣고, 여자의 상태로 알맞은 것을 고르세요. ① 화가 남 ② 불안함 ③ 피곤함 ④✓ 몸이 안 좋음	M Are you tired? W Not really. I feel a little sick. M Oh, you are sweating a lot. W Yeah. I think I should see a doctor.	남 너 피곤하니? 여 그렇지는 않아. 몸이 좀 안 좋은 것 같아. 남 오, 너 땀을 많이 흘리고 있어. 여 응. 진찰을 받아 봐야 할 것 같아. a little 조금, 약간 sweat 땀을 흘리다

15 대화를 듣고, 여자의 마지막 말에 이어질 남자의 말로 알맞은 것을 고르세요.

① You should exercise.
② I like your bag.
③ You look sleepy.
④ Don't worry. I'll help you find it. ✓

W Whew, I'm <u>upset</u>.
M What's <u>wrong</u>?
W I think I <u>lost</u> my bag. What <u>should</u> I do?
M <u>Don't worry. I'll help you find it.</u>

여 휴, 나 속상해.
남 무슨 일이야?
여 나 가방을 잃어버린 것 같아. 어떻게 하지?
남 <u>걱정하지 마. 내가 찾는 걸 도와줄게.</u>

① 넌 운동해야 해.
② 네 가방이 마음에 들어.
③ 너 졸려 보여.

upset 속상한, 화난

REVIEW TEST p. 121

A
① seem, ~인 것 같다 ② salty, 짠 ③ teddy bear, 곰 인형 ④ seatbelt, 안전벨트
⑤ sour, 신, 시큼한 ⑥ museum, 박물관 ⑦ sweat, 땀을 흘리다 ⑧ upset, 속상한, 화난
⑨ a little, 조금, 약간 ⑩ take a break, 쉬다, 휴식을 취하다

B
① recipes, prepare ② looks good on ③ is listening to
④ weather was warm ⑤ put on, seatbelt ⑥ help, carry these
⑦ some plants, room

TEST 20 p. 122

01 ④ 02 ③ 03 ③ 04 ① 05 ② 06 ③ 07 ④ 08 ①
09 ④ 10 ① 11 ③ 12 ④ 13 ④ 14 ② 15 ④

	문제 및 정답	받아쓰기 및 녹음내용	해석
01	다음 두 번 들려주는 단어를 듣고, 알맞은 단어를 고르세요. ① sure ② sour ③ score ④ shore ✓	shore shore	해안 shore 해안 sure 확신하는 score 점수
02	다음을 듣고, 빈칸에 알맞은 것을 고르세요. She _____ at his joke. ① left ② lift ③ laughed ✓ ④ liked	She laughed at his joke.	그녀는 그의 농담에 웃었다. laugh 웃다 joke 농담 lift 들어 올리다
03	다음을 듣고, 그림과 일치하는 것을 고르세요. ① ② ③✓ ④	① The man is holding a map. ② The man is taking a picture. ③ The man is looking at the artwork. ④ The man is putting a frame on the wall.	① 남자는 지도를 들고 있다. ② 남자는 사진을 찍고 있다. ③ 남자는 미술 작품을 보고 있다. ④ 남자는 액자를 벽에 걸고 있다. map 지도 take a picture 사진을 찍다 artwork 미술 작품 frame 액자 wall 벽
04	다음을 듣고, 그림과 일치하는 것을 고르세요. ①✓ ② ③ ④	① The fridge is empty. ② The fridge is full. ③ The fridge is dirty. ④ The fridge is closed.	① 냉장고가 비어 있다. ② 냉장고가 가득 차 있다. ③ 냉장고가 더럽다. ④ 냉장고가 닫혀 있다. fridge 냉장고 empty 비어 있는

05	다음을 듣고, 그림과 일치하는 것을 고르세요. ① ②✓ ③ ④	① Two children are playing with toys. ② Two children are playing outside. ③ Two children are playing in the house. ④ Two children are playing in the pool.	① 두 아이가 장난감을 가지고 놀고 있다. ② 두 아이가 밖에서 놀고 있다. ③ 두 아이가 집에서 놀고 있다. ④ 두 아이가 수영장에서 놀고 있다. •• toy 장난감
06	대화를 듣고, 남자가 여자에게 생일 선물을 줄 요일을 고르세요. ① 일요일 ② 월요일 ③✓ 화요일 ④ 토요일	M Happy birthday a day early! W Thank you so much. M I'm sorry, but I am busy on Monday. I'll give you a gift on Tuesday.	남 생일 하루 일찍 축하해요! 여 정말 고마워요. 남 미안하지만, 제가 월요일에는 바빠서요. 선물을 화요일에 드릴게요.
07	대화를 듣고, 여자가 저축한 돈의 총 액수를 고르세요. ① $80 ② $100 ③ $112 ④✓ $120	M How much did you save so far? W I have 100 dollars in the bank and 20 dollars in my piggy bank.	남 지금까지 얼마나 저축했어요? 여 은행에 100달러가 있고 돼지 저금통에 20달러가 있어요. •• save (돈을) 모으다, 저축하다 so far 지금까지 piggy bank 돼지 저금통
08	다음을 듣고, 관계 있는 것을 고르세요. ①✓ weather ② month ③ country ④ vehicle	sunny, windy, rainy, snowy	화창한, 바람이 많이 부는, 비가 오는, 눈이 내리는 •• snowy 눈이 내리는 vehicle 차량, 탈것
09	질문을 듣고, 가장 알맞은 대답을 고르세요. ① I went there by train. ② It will be sunny. ③ I would like to go there, too. ④✓ It was a great trip.	How was your trip to Wasaga Beach?	와사가 해변으로의 여행은 어땠어요? ① 기차를 타고 거기에 갔어요. ② 화창할 거예요. ③ 저도 거기에 가고 싶어요. ④ 아주 좋은 여행이었어요.
10	대화를 듣고, 두 사람의 관계로 알맞은 것을 고르세요. ①✓ 친구 - 친구 ② 교사 - 학부모 ③ 교사 - 학생 ④ 아빠 - 딸	M When do we have to finish our homework? W We have to finish it by this Friday. M Are you done with your homework? W Almost.	남 우리 숙제를 언제까지 끝내야 하지? 여 이번 주 금요일까지 끝내야 해. 남 너는 숙제를 끝냈니? 여 거의. •• be done with ~을 끝내다 almost 거의

11

다음을 듣고, 두 사람의 대화가 어색한 것을 고르세요.

① ② ③✓ ④

① M How old is your dog?
  W He is six years old.
② W Do you have a bike?
  M No, but I want to have one.
③ M What do you think of the story?
  W I read it twice.
④ W Why don't we watch a comedy movie?
  M That sounds great.

① 남 당신의 개는 몇 살이에요?
  여 6살이에요.
② 여 자전거가 있나요?
  남 아니요, 하지만 하나 갖고 싶어요.
③ 남 그 이야기에 대해 어떻게 생각해요?
  여 전 그것을 두 번 읽었어요.
④ 여 코미디 영화를 보는 게 어때요?
  남 아주 좋은 생각이에요.

story 이야기 **comedy movie** 코미디 영화

12

대화를 듣고, 남자가 구입해야 할 것이 아닌 것을 고르세요.

① 우유
② 빵
③ 달걀
④✓ 오렌지 주스

M I am going to the grocery store. What do we need?
W We need milk, bread, and eggs.
M Do we need some orange juice?
W No, we already have some.

남 나는 식료품점에 갈 거예요. 우리가 필요한 게 뭐예요?
여 우유, 빵, 그리고 달걀이 필요해요.
남 오렌지 주스도 필요한가요?
여 아뇨, 이미 좀 있어요.

grocery store 식료품점

13

대화를 듣고, 대화 내용과 일치하지 않는 것을 고르세요.

① 여자는 집에 갔다 오려고 한다.
② 여자는 필통을 두고 왔다.
③ 여자의 집은 5분 거리에 있다.
④✓ 남자는 여자를 기다리지 않을 것이다.

W I need to go back home. I forgot my pencil case.
M How long does it take to go to your home from here?
W It's only five minutes from here.
M Okay, I will wait for you here.
W Thanks.

여 나는 집에 다시 가야 해. 필통을 깜빡했어.
남 여기에서 집까지 가는 데 얼마나 걸려?
여 여기에서 5분 밖에 안 걸려.
남 그래, 내가 여기서 기다릴게.
여 고마워.

14

다음을 듣고, 도서관에 관한 내용으로 일치하지 않는 것을 고르세요.

① 토요일에도 개관한다.
②✓ 월요일은 휴관일이다.
③ 운영 시간은 오전 9시부터이다.
④ 오후 10시까지 운영한다.

Thank you for calling Seoul Library. The library is open from Monday to Saturday. We are open from 9 a.m. to 10 p.m.

서울 도서관에 전화해 주셔서 감사합니다. 도서관은 월요일부터 토요일까지 개방합니다. 도서관은 오전 9시부터 오후 10시까지 열려 있습니다.

open 개방된, 열려 있는

15 대화를 듣고, 남자의 마지막 말에 이어질 여자의 말로 알맞은 것을 고르세요.

① I have been there.
② Art class is boring.
③ I will be busy tomorrow.
④ OK. Get ready, and we will leave soon. ✓

M Mom, I don't think I can go to <u>art class</u> today.
W Why?
M I have a <u>toothache</u>. Can you take me to the <u>dentist</u> today?
W <u>OK. Get ready, and we will leave soon.</u>

남 엄마, 저 오늘 미술 수업에 못 갈 것 같아요.
여 왜?
남 이가 아파서요. 오늘 치과에 저를 데려다 주시겠어요?
여 <u>그래. 준비하면 곧 출발할 거야.</u>

① 난 거기에 가 봤어.
② 미술 수업은 지루해.
③ 나 내일 바쁠 거야.

get ready 준비하다

REVIEW TEST p. 127

A
① open, 개방된, 열려 있는 ② story, 이야기 ③ shore, 해안 ④ empty, 비어 있는
⑤ snowy, 눈이 내리는 ⑥ almost, 거의 ⑦ get ready, 준비하다 ⑧ fridge, 냉장고
⑨ vehicle, 차량, 탈것 ⑩ artwork, 미술 작품

B
① grocery store ② Are, done ③ frame, wall
④ taking a picture ⑤ laughed at, joke ⑥ save so far
⑦ playing with toys

COOL LISTENING
Basic 1 영어듣기 모의고사

- 예비 중학생을 위한 3단계 리스닝 프로그램
- 의사소통에 필요한 다양한 주제들로 구성
- 다양한 실전 시험 문제 유형을 반영한 모의고사 20회
- 실전 TEST → 받아쓰기 → 중요 어휘·문장 복습의 단계별 청취 훈련
- 0.8배속 / 1.0배속 / 1.2배속의 3가지 MP3 파일 제공
- 본문 QR코드 삽입으로 편리한 음원 재생

부가자료 다운로드 www.darakwon.co.kr
· MP3 파일 (문항별 / 3가지 배속 포함)
· 어휘 리스트 / 어휘 테스트

COOL LISTENING Basic 시리즈